いのちのよび声

歎異抄講話Ⅲ

藤田徹文

法藏館

いのちのよび声――歎異抄講話Ⅲ＊目次

第五講　念仏

第六講　利益

いのちのよび声

——歎異抄講話Ⅲ

装幀　井上三三夫

『歎異抄』第一章

弥陀《みだ》の誓願不思議《せいがんふしぎ》にたすけられまゐらせて、往生《おうじょう》をばとぐるなりと信《しん》じて念仏《ねんぶつ》申《もう》さんとおもひたつこころのおこるとき、すなわち摂取不捨《せっしゅふしゃ》の利益《りやく》にあづけしめたまふなり。

弥陀《みだ》の本願《ほんがん》には、老少《ろうしょう》・善悪《ぜんあく》のひとをえらばれず、ただ信心《しんじん》を要《よう》とするべし。

そのゆゑは、罪悪深重《ざいあくじんじゅう》・煩悩熾盛《ぼんのうしじょう》の衆生《しゅじょう》をたすけんがための願《がん》にまします。しかれば本願《ほんがん》を信ぜんには、他《た》の善《ぜん》も要《よう》にあらず、念仏《ねんぶつ》にまさるべき善《ぜん》なきゆゑに。悪《あく》をもおそるべからず、弥陀《みだ》の本願《ほんがん》をさまたぐるほどの悪《あく》なきゆゑにと云々《うんぬん》。

意訳

阿弥陀如来のおちかいの不思議なちからにたすけられて、その如来の世界——お浄土——に生まれさせていただくことであると信じ、お念仏を称《とな》えようと思いのおこるとき、ただちに光明のうちに摂《おさ》め取って捨てられないというご利益をいただくのであります。

阿弥陀如来のご本願には、老若・善悪という分けへだてはありません。ただ願力におまかせする信心ひとつがなによりも大切だと知らねばなりません。

それというのも、もともとこのご本願は、罪の重いもの、煩悩の深いものをすくうためにおこされたご本願だからであります。

そういうことですから、阿弥陀如来のご本願を信じたならば、往生のためには、お念仏のほかに何一つ善を必要といたしません。お念仏にまさるような善はないからです。またどんな悪も恐れる必要はありません。ご本願をさまたげるほどの悪はないからです、との仰せでありました。

第五講　念仏

一　難思往生と難思議往生

今回は「お念仏とは何か」という話ですが、質問をいただいていますので、それに先にお答えしておきたいと思います。質問は、

（問）難思《なんじ》往生《おうじょう》と難思議《なんじぎ》往生とは、どういう違いですか。

（答）かなり専門的な質問です。親鸞聖人は三つの往生があると言われました。双樹林下《そうじゅりんげ》往生、難思往生、難思議往生の三つです。

私たちがすくわれるのは第十八願です。如来さまの真心（まごころ）をいただいて、小さな小さな「我」の執《とら》われを抜けさせていただくのです。

次に第十九願、これは一言で言うと自分で善根功徳《ぜんごんくどく》を積んでいく自力の道です。自分で善根功徳、仏になる糧《かて》を積んでいくのが自力の道です。

それから第二十願、一生懸命お念仏を称えてすくわれていく自力念仏の道です。十八・十九・二十願のどれですくわれてもいいのですが、私という人間をよくよく知らされると、どれでもいいとは言えなくなります。十九・二十願を身《み》にかけてやれる人ならどれでもいいのですが、身にかけてやれない者は、どれでもいいとは言えません。第十八願は弘願他力《ぐがんたりき》の教えです。弘願の弘は広いという意味です。広い広い願いによって私たちはすくわれていくのです。

この三つの願は生因《しょういん》三願といって、私たちが本当にお浄土に生まれていく因と、この世を力強く生きていく因を明かしてくださった願です。四十八願の中でこの三つの願だけが、私たちがすくわれていく因を明かしてくださる願なので、生因三願といいます。

親鸞聖人も実は、第十九願から始まって、二十願にいたり、さらに十八願に入られました。そのことを三願転入《さんがんてんにゅう》といいます。このことを親鸞聖人は『教行証文類』の「化身土巻」でここをもって愚禿釈《ぐとくしゃく》の鸞《らん》、論主《ろんじゅ》（龍樹・天親）の解義《げぎ》を仰《あお》ぎ、宗師《しゅうし》（曇鸞・道綽・善導・源信・源空）の勧化《かんけ》によりて、久《ひさ》しく万行諸善《まんぎょうしょぜん》の仮門《けもん》（十九願）を出《い》でて、永《なが》く双樹林下《そうじゅりんげ》の往生《おうじょう》を離《はな》る。善本徳本《ぜんぽんとくほん》の真門《しんもん》（二十願）に回入《えにゅう》して、ひとへに難思《なんじ》往《おう》生《じょう》の心《しん》を発《おこ》しき。しかるにいまことに方便《ほうべん》の真門《しんもん》を出《い》でて、選択《せんじゃく》の願海《がんかい》（十八願）に転入《てんにゅう》せり。すみやかに難思往生《なんじおうじょう》の心《しん》を離《はな》れて、難思議往生《なんじぎおうじょう》を遂《と》げんと欲《ほっ》す。果遂《かすい》の誓《ちかい》（二十願）、まことに由《ゆえ》あるかな。ここに久《ひさ》しく願海《がんかい》に入《い》りて、深《ふか》く仏恩《ぶっとん》を知《し》れり。

（『註釈版聖典』四一三頁）

と述懐されています。

まず親鸞聖人は比叡山で十九願を修行されました。自力の道です。

私たちの一番の問題は、小さな小さな［我］にこだわって、自分の［我］の中に、自分の［いのち］を閉じ込めていることです。「わしが、わしが」と言いながら、自分の［いのち］を［我］で縛って、自分で自分の動きを取れなくしています。

［我］を張ると、周りが見えなくなってしまいます。私たちは自分で自分の［我］の中に

自分の［いのち］を閉じ込めているのです。

そして同時に、私たちは自分の身で自分の［いのち］を制約しています。この身がなかったら、もっと［いのち］は活躍するかもしれませんが、現実には、私たちはこの身で［いのち］の動きを制約しています。皆さんも身がなかったら、すぐに、どこにでも飛んで行けますが、身があるからそうもいきません。その上、この身もだんだん年と共に難儀《なんぎ》になってきます。

私の顔を見ると「足が痛い、腰が痛い」とグチる門徒の老人がいます。私は「そんなに難儀なものなら、早く焼いたらどうですか」と言うのです。（笑い）焼いたらぐずぐず言わなくてよくなります。ところが、なかなか人間はそうはいきません。どれだけ「難儀だ」と言っても、この身体を持っていなければこの世を生きられないのです。

この心の執われと、身の制約を抜け出すということが、仏に成るということです。まず、心の執われから抜け出し、離れる。そして、次に身の執われから出離《しゅつり》する。この二つの執われを出なければ仏に成ることはできません。心の執われを出て、仏に成るまでの［いのち］の歩みが往生です。

心の執われを出ていくままが、執われのない世界に往き生まれていく［いのち］の歩みです。心の執われを出て、往生の人生が始まり、身の制約を超えると同時に仏と成り、往生は完結するのです。

往生は死ぬ話ではなく、心の執われを出たところから、身の制約を離れるまでの「いのち」の歩みを往生というのです。

心の執われを出た往生の始まりを「即得往生《そくとくおうじょう》」といいます。「即」は「即時」ということで、如来さまの大きなお慈悲をいただく（信心）と同時に、往生の日暮らしが始まるのです。確かなよび声が聞こえる（信心）と同時に、心の執われを出るのです。

小さな小さなことに執われ、「どうしようか、どうしようか」と迷っている私たちに阿弥陀如来の「心配することはない、私がいるよ」というよび声が聞こえたら、私たちは小さな執われから抜け出せるのです。

私たちが「どうしよう、どうしよう」と思っていることを、仏さまはちゃんと考えてくださっているのです。その仏さまの心に出遇うことによって「ああそうか、私がどうこう思ってもどうにもならない。仏さまのお心をいただき、仏さまのお心にこの身をゆだねて、この身を力いっぱい、生きればいい」と、心の執われから抜け出すのです。

次に、この身の制約ですが、私たちは悲しいかな、この身のある間はこの身の執われから抜け出せません。どれだけ「難儀だ、難儀だ」と言っても、この身を捨てることはできないのです。

私は門徒の老人に「足が痛い、腰が痛いと、自分の身体をグチるのでなく、長い間ご苦労さんと、足なり腰なりを撫《な》でてやりなさい」と言うのです。自分が使って痛めたのです。他の人が使って痛めたわけではないのです。

ところが私たちは、自分が長年使って痛めておきながら、「この足が難儀だ」と言う。難儀なら、切って焼いてしまったら済むはずです。ところが捨てられない。捨てられないのなら、「こんなに痛むまで長い間使わせてもらって有り難う」と、わが身をいたわらなければいけない。だから、「あまり身体のグチは言わないほうがいい」と言うのです。人間は口でどう言っても、身の制約を、身のある間は出られないのです。

「即身成仏《そくしんじょうぶつ》」を説く宗派の人は、生きている間に、身の束縛からも完全に出るのでしょうか。何の縛《しば》りもなくなった状態が仏さまですから、「即身成仏」というのは、この身のあるうちに、心身の執われを出るのです。

しかし私たちは、臨終一念《りんじゅういちねん》の夕《ゆう》べにしか、この身の執われから出られません。身命終によって、身の制約を離れて仏に成る時、往生は完結します。この往生の完結を難思議往生というのです。

第十八願によって「即得往生」から「難思議往生」に到る往生の人生が開かれるのです。広い広い願いに遇《あ》って、私たちは小さな執われを出て、往生の道を歩み、往生が完結して仏に成るのです。その往生の完結を難思議往生というのです。

難思議往生というのは私の思議できない往生ということです。私の思いも及ばぬ、まったく考えようがない、すばらしい「いのち」の誕生です。すなわち仏に成ることです。だから、言葉でどのように表現しても、口でどう言ってみても、本当はなかなかわからないのです。「難思議」とは、私たちの思いを超えた、すばらしい「いのち」の誕生であり、仏に成ることです。

それに対して、十九願は、自分の行為（善根）によって小さな「我」の執われを抜けていく教えです。それは、お釈迦さまの歩まれた道と同じです。そのお釈迦さまの歩まれた道と同じ道を歩んで、往生の道を完結するので、双樹林下往生といいます。

お釈迦さまが沙羅《さら》双樹《そうじゅ》のもとで往生なさったように往生するので、双樹林下往生というのです。覚《さと》りを開いたお釈迦さまであっても、身の制約を完全には離れられません。だから、身体が終わって双樹林下往生をされるのです。

それに対して、二十願の自力念仏ですが、自分で一生懸命念仏しながら仏さまの心に遇っていこうという道です。これが難思往生です。この難思とは、思いは及ばないけれど、考えようがないということではないのです。「議」があるか、ないかです。

自分で努力してお念仏をしながら、大きな大きなお慈悲に触れていくという道です。自分で実践するのですから、ある程度考えようがある。考えられないというのでなく、ちょっとは考えられるわけです。けれども、私たちの思いを超えているという意味で、難思往生と言っているのです。

親鸞聖人はまず、十九願から始められて、二十願へ行かれて、そして十八願に遇われました。人間というのはやはり、自分でやってみないとなかなか納得しないものです。「自力がいけない」と、他の人から言われてもわからない。一度自分でやってみたらよくわかります。「なるほどむずかしいな」と。

自力のいちばん基本は、正しく生きるということです。正しく生きるということは、生かしてくださっている他の「いのち」を大事にすることです。これが基本なのです。

自分のことは忘れても、相手を大切にしよう、周りの「いのち」を大切にしようと努力する生き方です。言葉は簡単ですが、相手を大事にするということは、なかなかむずかしいことです。

昨日、私のお寺では親鸞さまのお誕生をお祝いする「降誕会《ごうたんえ》の集い」を開きました。「降誕会」には毎年、笑福亭松喬師の落語を聞くのです。この人は古典落語では上方《かみがた》のトップだと、私は思っています。NHKの教育テレビの「話芸」という番組に出ています。いつもテレビに出てくるような、タレントではありません。

兄弟子が仁鶴さん、鶴光さんで、笑福亭松鶴師匠の弟子です。弟弟子が鶴瓶さんです。私は将来、この松喬さんが上方落語の第一人者になると思って、毎年来てもらっているのです。もう七、八年続いています。

いつも話を二つしてもらうのですが、だいたい落語というのは、はじめに枕《まくら》があって、一つの話が一時間くらいです。テレビの落語は十分か十五分くらいで終わります。あれは、ものすごく省略しているのです。落語は、その時の話題を入れた枕に始まって、一時間ぐらいかかり、二つの話をすると二時間かかります。

それがちゃんとできる人は、このごろだんだん少なくなっています。あんまりテレビで売れるとダメになるようです。人間は楽をして金が入るようになると、ろくなものにならない。苦労しないといけないと思います。楽して金を儲けるようになると、道は極められないようです。

私は、落語で一つの道を極める男は笑福亭松喬師だと思って、毎年お寺の「降誕会」に来てもらっているのです。この松喬さんは酒が強くてね。私も酒では人に負けないほうですが。（笑い）昨日も朝の二時ごろまで飲みました。

今朝は、気づいたら居間に寝ていましたので、朝、妻に「ちゃんと起こしてベットに寝かせろ」と言いました。自分中心ですね。どうしてもそうなるのです。だから「相手を大切に」と口では言いますが、日々の日暮らしの中では、相手を大切にするのはむずかしいことです。知らず知らずのうちに自分中心になっていて、自分の思うようにいかないと、妻子であろうと、腹を立てて当たっているのが私です。

常に相手を大切に利他《りた》の行《ぎょう》をやる。これこそが善根なのです。これは、口で言うほど簡単ではないのです。

お釈迦さまは、実はこの善の道を歩まれたのです。「私は四十五年間、善を求めて生きた」と、お釈迦さまは言われています。善を求めて生きたということは、利他の道を歩まれたのです。利他の道を一生歩める人は、お釈迦さまのように双樹林下といって、沙羅双樹の下で、さとりの国に生まれていくことができるのです。

私は今日（五月二十四日）も、このあと福岡へ行きまして、寺に帰るのは一週間後の六月一日の晩です。それまでずーっと外に出っぱなしです。その間、お寺はどうしているのかというと、坊守や副住職の息子が苦労してくれています。

だから、私はどれだけ疲れて帰っても、坊守や息子の顔を見たら「有り難う」と言わなくてはいけないと、思っているのです。しかし、いっぺんも妻子に「有り難う」を言ったことがありません。（笑い）言わないといけないと思っているばかりで、なかなか言えないのです。

親鸞聖人も善を求めて二十年間修行をされました。私みたいに妻に「有り難う」が言えなかったという話ではありません。九つから二十九歳まで二十年間修行をされた結果、やっぱり自分がいちばんかわいいというあり方がどうにもならなかったのです。それで、十九願から二十願に移られたのです。

二十願は努力してお念仏申し、仏さまのお心に遇う道です。念仏を称えるということは、仏さまのお心をいただくということです。名を称えながら、仏さまのお心をいただき喜んでいくのです。

しかし、これがなかなかむずかしい。お念仏を称えているから、私の心は、本当に仏さまの方を向いているかというと、そうなっていない。皆さんがお念仏をする時、他のことを考えずに仏さまを思っていますか。なかなかそうはなっていないのではないでしょうか。

お念仏は称えているけれども、心の方は、あっちでカチッと音がしたら「何かいな」と思い、こっちで何か動くと「どうしたのか」と思う。気持ちがつねに横を向きます。私たちの心はすぐに、よその方に飛んでいくのです。

「識颺《しきあが》り、神飛び」と善導大師《ぜんどうだいし》は言われました。「識」は意識です。「神」は精神です。わが精神は何かあったら、あっちこっちに飛び回るし、わが意識はいつも天に颺《あが》っていると言われるのです。

お念仏をする時ぐらいは、精神は仏さまの方を向き、意識も仏さまの方を向いて、ちゃんと落ち着いていればいいのですが、なかなか落ち着かない。皆さんもお念仏をしながら、よそ見している時がありませんか。

落語に、毎朝、お仏壇の前でお念仏する人の話があります。木魚《もくぎょ》をたたいて「なんまんだぶ、なんまんだぶ、なんまんだぶ」。念仏しながら娘の部屋の方を眺めて「まだ娘は起きないのかな」と、（笑い）娘のことを考えるうちに、表をしじみ売りが通る。

昔は、私の生まれた大阪の下町でも、「しじみーぇ、しじみ」としじみ売りの声がしました。しじみ売りだけでなく、夏になると「きんぎょーぇ、きんぎょ」とか、「こうもり傘のー、張り替え」とか、もの売りの声がしました。

朝のお念仏の最中に、表をしじみ売りが通ったのです。「しじみーぇ、しじみ」、その声を聞いたとたんに、お念仏をしていた人が「なんまんだぶ、なんまんだぶ、おーい、しじみを買っとけ、しじみを」と（笑い）奥さんに指示したという落語があります。

お念仏しているから、ずーっと心は仏さまの方だけに向かっているかというと、違うのです。お念仏をしながら、「娘はまだ起きてないか」と思ってみたり、表をしじみ売りが通ると「しじみを買え」というように、心はあちこちに飛びます。

少なくとも自力念仏というのは、称えながら自分で仏さまのお心に適っていかなければならないのですから、心が仏さまに集中しなければいけません。これがなかなかむずかしい。これをやり抜いての往生が難思往生です。よそ見しないで、心を込めてお念仏を称えるのです。これは自分の称《とな》えた力によるのですから、ある程度予想ができます。それで難思議でなく、難思往生というのです。

ところが、十八願の難思議往生は、一から十まで仏さまのお力です。私たちのまったく思いも及ばない往生ですから、難思議往生というのです。

親鸞聖人が、十九願は双樹林下往生、二十願は難思往生、十八願は難思議往生と言われました。難思議往生は即得往生によって始まる往生の完結です。

私が小さな小さな［我］の執われを超えて、広い世界に生まれていくあり方を三つに分けて示されたのが三往生です。言葉だけ見るとなかなかわかりにくい。難思往生、難思議往生と「議」があるか、ないかだけですから。

難思往生は自分で努力しますから、ある程度は目途がつき、多少考えが及ぶのです。難思議往生になると、まったく仏さまにお任せして実現するのですから、到底、私たちの思いが及ばないのです。

二　南無阿弥陀仏とは

今日のテーマは「お念仏」です。お念仏を誓ってくださったのは十七願です。私たちがお念仏をいただくのは、善導大師の六字釈《ろくじしやく》のお示しが基本です。浄土教のどの宗派も、お念仏をいただく基本は善導大師の六字釈です。このお示しの味わい方が違うから宗派が分かれるのです。

善導大師の六字釈のご文を、親鸞聖人が味わわれたのが『教行証文類』の「行巻」のご文です。以上の二つのご文をいただいて、親鸞聖人の喜ばれたお念仏についてお話したいと思います。

まず善導大師の六字釈のご文は、『観経四帖疏』「玄義分」に、

またいはく、「南無《なも》といふは、すなはちこれ帰命《きみよう》なり、またこれ発願回向《ほつがんえこう》の義《ぎ》なり。阿弥陀仏《あみだぶつ》といふは、すなはちこれその行《ぎよう》なり。この義《ぎ》をもつてのゆゑにかならず往《おう》生《じよう》を得《う》」と。

(『註釈版聖典』一六九頁)

とあります。このお言葉を、親鸞聖人が喜ばれたのが「行巻」のお言葉です。

しかれば南無《なも》の言《ごん》は帰命《きみよう》なり。帰《き》の言《ごん》は、至《し》なり、また帰説《きえつ》なり、説《せつ》の字《じ》は、悦《えつ》の音《こえ》なり。また帰悦《きさい》なり。説《せつ》の字《じ》は、税《さい》の音《こえ》なり。悦《えつ》税《せい》二《ふた》つの音《こえ》は告《つぐる》なり、述《のぶ》なり、人《ひと》の意《こころ》を宣述《せんじゆつ》するなり。命《みよう》の言《ごん》は、業《ごう》なり、招引《しよういん》なり、使《し》なり、教《きよう》なり、道《どう》なり、信《しん》なり、計《はからう》なり、召《めす》なり。ここをもつて帰命《きみよう》は本願招喚《ほんがんしようかん》の勅命《ちよくめい》なり。発願回向《ほつがんえこう》といふは、如来《によらい》すでに発願《ほつがん》して衆生《しゆじよう》の行《ぎよう》を回《え》

施《せ》したまふの心《しん》なり。即是其行《そくぜごぎょう》といふは、すなわち選択本願《せんじゃくほんがん》これなり。必得往生《ひっとくおうじょう》といふは、不退《ふたい》の位《くらい》に至《いた》ることを獲《う》ることを彰《あらわ》すなり。『経《きょう》』（大経）には「即得《そくとく》」といへり、釈《しゃく》（易行品）には「必定《ひつじょう》」といへり。「即《そく》」の言《ごん》は願力《がんりき》を聞《き》くによりて報土《ほうど》の真因決定《しんいんけつじょう》する時剋《じこく》の極促《ごくそく》を光闡《こうせん》するなり。「必《ひつ》」の言《ごん》は審《つまびらか》なり、然《しからしむる》なり、分極《わかちきわむる》なり、金剛心成就《こんごうしんじょうじゅ》の貌《かおばせ》なり。

（『註釈版聖典』一七〇頁）

これが浄土真宗のお念仏の基本です。善導大師のお言葉を、親鸞聖人はこのようにいただかれたのです。

『南無阿弥陀仏』の解釈を「六字釈」といいます。漢字で六字ですから「六字釈」というのです。もともとはサンスクリット（梵語）で、namo/amita/buddha といいます。これの漢字の音写です。

「南無」と漢字で書いてありますが、もともとはインドの言葉です。『南無阿弥陀仏』と漢字で書いてあっても、漢文のように読んだらいけないのです。

昔、漢文のように読んだ人がいました。お念仏を素直に喜んでいるお婆ちゃんを漢学者がいじめたのです。「お婆ちゃんは朝から晩まで、なんまんだぶ、なんまんだぶと念仏を称えているけれど、なんまんだぶの意味がわかっているのか」と。「なんまんだぶというのは漢文で、南に阿弥陀仏無しということ、そのどこがありがたい」と、念仏を喜ぶお婆ちゃんをいじめたという話が、大阪の下町に残っています。

『南無阿弥陀仏』は、漢文の音写で、「南無」は、「南に無し」という意味ではないのです。喫茶店やスナックで、横文字に漢字を当てて書いた店があります。いかにも新しいみたいですが、新しくないのです。これの元祖が『南無阿弥陀仏』です。こういうのを音写というのです。

こんな例もあります。アメリカを「米国」という。「これがわからない」と言った人がいるのです。「何がわからないのか」と聞いたら、「アメリカ人はパンを食べているのに、何で米の国と書くのか」と。（笑い）米国は米の国という意味ではないのです。これも音写です。昔、アメリカを漢字で「亜米利加」と書いたので、これを省略して「米」を残したのです。

なぜかというと、「亜」を残すと亜細亜（アジア）みたいです。「利」を残すと伊太利（イタリア）みたいで、「加」を残すと加奈陀（カナダ）です。いちばん紛らわしくない「米」を残したもので、米の国という意味ではないのです。米国は亜米利加（アメリカ）

を省略したもので、こういうのを音写というのです。

それと同じで、『南無阿弥陀仏』は、インドの言葉のナモ・アミダ・ブッダという言葉に漢字を当てはめただけです。

では、ナモ・アミダ・ブッダというのはどういうことか。「ナモ（南無）というのは帰《き》命《みょう》ということですよ」と、善導大師がお示しくださっています。その帰命を、親鸞聖人は「帰ってこいのご命令」、「本願招《ほんがんしょう》喚《かん》の勅《ちょく》命《めい》」であるといただかれました。他の宗派の中には「帰命」を、阿弥陀さまの［いのち］に帰ることという受けとめ方をするところもあります。

「帰命」という善導大師のお示しをどういただくかで、まったく解釈が違ってきます。親鸞聖人は「帰れの命令」といただかれたのです。阿弥陀さまの［いのち］に帰らせてもらうと言った方がわかりやすいかも知れませんが、親鸞聖人はそのように読まずに、「帰れの命令」といただかれたのです。

「帰れ」の「帰」について、「帰の言は、至なり」と明らかにされ、さらに帰説《きせつ》と書いて、音から言うと「帰説」の「説《せつ》」には「悦《えつ》」と「税《さい》」の音があるので、「帰説」から帰悦《きえつ》・帰税《きさい》という二つの意味を出されます。

そしてこの説《せつ》という言葉から、転釈といって、さらに意味を出して「告《つぐる》なり、述《のぶ》なり」とお示しくださったのです。

三　浄土とは何か

このように、親鸞聖人は「帰」という言葉に五つの意味を出して、その心を明らかにしてくださったのです。私たちは、ただ「なんまんだぶ、なんまんだぶ」と言っておれば何とかなると思っていますが、実は『南無阿弥陀仏』は、仏さまが私によびかけてくださる声なのです。どう、よびかけてくださっているかと言いますと「至《いた》れ」とよびかけてくださっているのです。「帰は至なり」のいちばんオーソドックスな解釈は、「浄土に至れ」のよび声だという味わいです。阿弥陀さまの「帰ってこい」は、「浄土に至れ」のよび声だと先輩方はいただかれたのです。

親鸞さまは、お浄土へ生まれることを「至」という言葉で明かしてくださるので、「浄土に至れ」と、先輩方は喜ばれたのです。『正信偈』六十行・百二十句の中で、三箇所「至」を「浄土に至れ」と使われています。

一つには「得至《とくし》蓮華《れんげ》蔵世界《ぞうせかい》」の「至」です。蓮華蔵世界はお浄土です。蓮の華のある世界に至ることを得るということです。親鸞聖人は、浄土に生まれることを「至る」と表現されています。

二つには「必至《ひっし》無量光明土《むりょうこうみょうど》」、「必ず無量光明土に至る」と言われます。

三つには「至《し》安養界《あんにょうかい》証妙果《しょうみょうか》」、安養界というのはお浄土です。安養界に至って、法性《ほっしょう》の身を証するなりと言われています。

それで、親鸞聖人が「帰は至なり」と言われたお心を、「浄土に至れ」といただくことができるのです。

阿弥陀さまが「浄土に至れ」とよびかけてくださる声を、『南無阿弥陀仏』といただくのです。

私が念仏を称えているけれど、それは祈《いの》りの言葉でもなく、呪文《じゅもん》でもありません。「なんまんだぶ、なんまんだぶ」と称えるままが、私の口を使って阿弥陀さまが「浄土に至れ、浄土に至れ」とよんでくださっている「よび声」なのです。

では、浄土とはどんな世界でしょうか。現代は浄土がわからなくなっています。

私、先日たまたま珍しく自坊に三日間居ました。出講の約束をしていたお寺の住職さんが癌《がん》で亡くなったのです。それで「法座が務めらないので、この度は法座を休ませてください」と言われ、自坊に居ました。その間にご門徒のお葬式がありまして、私が勤めさせていただきました。

親族の挨拶を聞いていたら嫌になりました。「皆さんにはお忙しい中、葬儀ならびに告別式にご参列をいただき有り難うございます」と言うのです。浄土真宗では、葬儀だけで告別式ということはしないのです。

告別というのは、別れを告げるということです。これは明治になってから、新しがり屋が言い出したもので、キリスト教も告別式とは言わないそうです。死は別れではないのです。仏になって、あとに残った人と新しい交わりをしていこうという考え方です。別れてしまうのではないのです。

別れを告げる告別式は、仏教にはありません。名前は忘れましたが明治の元勲が亡くなって、葬儀を無宗教でやる時に告別式という言葉を使ったのが最初だそうです。それを「葬儀ならびに告別式を執《と》り行います」と、もっともらしく言うのです。

故人は本当に元気な人でしたが、朝、田んぼに行って、帰ってきて心筋梗塞《しんきんこうそく》でひっくり返って、頭を打って死んだというか、頭を打つ前にもう心臓が止まっていたのでしょう。

「もっと生きてほしかったけれども、寿命は神の決められたものであります」と挨拶するのです。

仏教でお葬式をしているのに「これも神の定められたことだと思って、親族一同諦《あきら》めきれないけれども諦めるしかない」と、何回も「神の定め」と挨拶するので、どうなっているのかと思いました。

お葬式に行きますと、よく「父も天国に召《め》されて」とか、「あれ、どうなったのかな」と思うことがあります。（笑い）訳がわからなくなっているのです。浄土とはどういう世界かがわからなくなるから、「天国へ行った」とか、「他界《たかい》した」とか、「黄泉《よみ》に旅立つ」と言うのです。そんなむずかしい言葉をどこで覚えてきたのかと思います。

黄泉というのは、あまりいいところではないのです。これは『古事記』に出てくる話です。伊邪那美命（イザナミノミコト）と伊邪那岐命（イザナギノミコト）のご夫婦が日本を創られたと『古事記』にあります。いちばん初めに淡路島を創られた。たくさんの国土と神さまを産んだ伊邪那美と伊邪那岐は夫婦で、イザナミが奥さんです。イザナミは最後に火の神さまを産んだのです。火の神が産まれたら火傷します。イザナミは陰（ほと）を焼いて、死んでしまったのです。

ところが、イザナギの方は未練がありましたから追いかけて行ったのです。そこが黄泉の国です。幸い、そこで奥さんと会えました。それで「もういっぺん帰ってくれ」と頼みます。するとイザナミは、「もうここに来て、一宿一飯の恩義を受けたので、そう簡単に帰れない」と。イザナギが、「そう言わないで帰ってくれ、帰ってくれ」と言うものですから、「では、一晩待ってください。黄泉の国の神さまともよく相談して帰れるようにします。だから、今夜一晩は私を捜《さが》さないように」とイザナミは言いました。

しかし、一晩が長かったのです。待ちきれなくて、イザナギは夜中にイザナミを捜したのです。捜してイザナミを見つけました。見つけた時、その身体の穴という穴、全部から蛆虫《うじむし》が這《は》い出していました。

それを見たら、気持ちが悪くなってイザナギは逃げ出したわけです。あんなに愛していて「帰ってくれ」と言っていたのですが、イザナギは逃げるのです。どれだけ美人であってもそういうことになる。逃げる時に、何かに躓《つまず》いて音がしました。すると、イザナミが目を覚まして追いかけてきた。それで、黄泉とこの世の境まで逃げたのです。そして、境にいっぱい石を積んで、イザナミが来れないようにしました。ということは、黄泉とこの世は地続きです。

イザナミは「あなたはつれない人だ。あなたが誰と一緒になろうと、産んだ子どもは全部殺してやる」と言う。恐ろしいですね。すると、イザナギも負けていません。「おまえが殺す十倍くらい産む」と言ったという話です。

黄泉の国とは死者の国です。そこは蛆虫が湧いた死体のある所だというのです。そんな所に身近な人が旅立っていいのですか。そんな所とわかっていれば、「黄泉に旅立って」と、平気で言えるはずはありません。何でこんなことを葬儀の場で言うのかというと、お浄土がわからないからです。

また、人によっては、「このたび、鬼籍《きせき》に入りました」と言う人がいます。どこでこんな言葉を覚えてくるのかと思います。鬼籍に入るというのは鬼の籍に入ったということです。生きている時も鬼だった人が、死んでからも鬼の籍に入るのです。「草葉《くさば》の陰《かげ》」という言い方もあります。蟋蟀《こおろぎ》になるわけではないのです。

そういうことがいっぱいあります。案外、仏教を聞いている人でもよくあることです。私はお通夜の時に「浄土真宗ではこんな言葉は使わない」と、前もって言っているのです。そうすると、「このたび、お浄土に帰らせてもらいました」と言ったあとで、「お浄土に帰りましたけれども、父は草葉の陰で」と言うのです。（笑い）お浄土に帰っても、草葉の陰に行くのです。お浄土がわからないから、こんな挨拶になるのです。

浄土については詳しく話す機会もあるでしょうが、ここで簡単にお話しておきます。「帰命」は「浄土に至れ」ということですが、「浄土」を親鸞聖人は「本願酬《しゅう》報《ほう》の土《ど》」であると教えてくださいました。

「土《ど》」というのは世界ということです。世界というと、私たちは場所的に、実体的に捕えがちですが、そうではないのです。地球のどこかにお浄土という場所がある、宇宙のどこかにお浄土という星があると、そんなことを言っているわけではありません。

本願酬報の土、これを縮めて「報土《ほうど》」といいます。『正信偈』には「報化《ほうけ》二《に》土《ど》正弁立《しょうべんりゅう》」とあります。「真実報土《しんじつほうど》」・「実《じつ》報土」ともいいます。これは本願が本願通りに報《むく》われた世界ということです。

世界というのは先ほど言いましたように、実体的な世界ではありません。仏教は「空《くう》」、「縁起《えんぎ》」を説くのです。実体的な世界はまったく説きません。実体と思っているものも、縁がなくなるとバラバラになってしまいます。それを、いつまでも変わらずに存在するように思って執着するから、「壊れた」と嘆かなければならないのです。

最近、ご門主さまの『朝《あした》には紅顔《こうがん》あって』（角川書店）を読みました。ご門主さまは、私の本も読んでくださっていたことがわかりました。なぜかというと、私は「葬式は栄転する人の送別会だ」と、いつも言い、書いてきました。それがご門主さまの本に書いてありました。

仏教で世界というのは実体的な世界ではありません。これは使い方から言うと、男の世界、女の世界、芸人の世界、お坊さんの世界という使い方です。

お坊さんの世界が日本のどこかに、実体としてあるわけではないのです。けれども、お坊さんが集まったら、そこがお坊さんの世界になっているのです。芸人の世界という世界が東京のどこかにありますか。ないけれど芸人が集まっていると芸人の世界ができる、そういう意味の世界です。

このことを「身土不二《しんどふに》」といいます。そこに居る人と世界というのは、一つであるというのです。

最近、身土不二という言葉を違う意味に使っている人がいます。宮崎の方の大学の先生が身土不二を「その土地の人は、その土地のものを食べるのがいちばんいい」という使い方をしておられます。それもそうかなと思います。宮崎の人は、宮崎の野菜や米を食べるのが、いちばん身体にいいというのです。

本当はそんな意味ではないのです。本当は身体と世界というのは別々ではない、煩悩具足の凡夫がいると、そこは穢土《えど》という煩悩の世界になるのです。清浄な仏さまがいると、そこは浄土になるのです。世界と言っても地理的、実体的な話ではないのです。

だいたいこの世にいる人は親子・夫婦であっても、みんな違う世界に住んでいるのです。同じ世界に住んでいる人は一人もいません。なぜかというと、「わしが」という「我」で国境線を作って、都合のいい時は引っ張り込み、都合の悪い時は追い出す。だから、みんな世界が違うのです。

夫婦でも住む世界は違います。何十年連れ添ったからといって、世界がピタッと一つになることはない。何年経《た》っても夫の知らない妻の世界がある。妻の知らない夫の世界がある。二人の世界が一部交わっている、この交わりの大きいほど親密なのです。

下手をすると、歳をとってまったく交わっていない夫婦があります。何となく離れない程度で、くっついているだけというのがあります。（笑い）この離れないところで交わす会話は、「メシ」、「風呂」、「寝る」の三語だけ。もっと言うと「もう邪魔くさいから」と、（笑い）完全に離れている。「いまさら新しい人とやり直すのは面倒だから、このまま我慢するしかない」と、まったく気持ちは離れた夫婦もいるのです。

だから、少しでも交わっているのはいい方です。交わっていても、まったく一つにはなってはいない。この世の人は、みんな違う世界に住んでいるのです。夫婦・親子であっても。

私も妻と一緒になって三十年が過ぎました。三十一歳の時に結婚しましたから、もう三十年過ぎました。それでも、わからないことがたくさんあります。今でも本当に「何でこんなことをするのかな」と思うことがあります。

妻も私のことで、わからないことがあるでしょう。夫婦であっても、なかなか一つになれないものです。世界とは、そういうものです。だから、一緒だと思うのは幻想《げんそう》です。「一緒になって幸せになります」。これは、ものすごい幻想です。男は調子よく言うのです、「お前を幸せにする」と。嘘ばっかりです。

昔の人は「幸せにする」と言って一緒になったのではありません。皆さんはどう言って一緒になったのですか。「二人で幸せになろう」と言って一緒になりましたか。

昔はそんなことを言わなかったのです。「一緒に苦労してくれるか」と言いました。「あなたとならどんな苦労もいといません。共に苦労してみたい」と。苦労してみたい人と一緒になったのですから、苦労したからといって夫を責めたらいけません。村田英雄の歌でないけれど、九尺二間の家で苦労しても、「この人とならどれだけ苦労してもいい」という人を見つけないといけないのです。

このごろは「幸せになろう」と一緒になるから、すぐに別れます。「ああ、こんなはずでなかった」と。はじめから違っているのです。

夫婦でも、この世では全部バラバラ。そのバラバラの人が一緒になれる世界がある。それがお浄土です。それは［我］の国境線が取れた世界です。

このお浄土は本願酬報の世界です。本願とはどういうものか。いろんな受け取り方がありますが、私はこれを体《たい》、相《そう》、用《ゆう》という三面で味わうのです。

四　本願とは何か

本願の体（本質）とは

まず「体」とはどういうことかというと、仏さまの願いは、「私たち人間を無上仏《むじょうぶつ》にしてやりたい」という誓いです。親鸞聖人は「自然法爾章」で「ちかひ（誓い）のやう（要）は、無上仏にならしめんと誓ひたまへるなり」と言われました。無上仏とは、この上ない仏さまです。これで終わりということがない、どこまでも発展していく、それが無上ということです。

一番と言うと、一番になったらおしまいです。無上というのは終わりがない、どこまでも成長していく、発展していく。仏教の世界には、これで終わりということがないのです。死んで終わりではない、どこまでも発展していこうというものの見方です。

「仏」とは《目覚《めざ》めた人》という意味です。「無上仏にならしめん」とは、これ以上目覚めようのない人にしてあげようということです。

目覚めるとは、私は一人で生きているのではなく、多くの「いのち」に生かされていることに、目が覚めることです。ですから、自分一人で生きていると思っている人が、いちばん目が覚めていない人です。「私は人の世話になっていない」、「私は一人で生きている」という人が、いちばん目が覚めていない人です。

「私は一人ではなかった。家族があって私の人生が成り立っている。いや、家族だけではない、やっぱり近所の人がいてくださって、初めて私の人生が成り立っている。いや、近所の人だけではない、顔を見たこともない多くの人のお世話になって、生きている。いや、人だけではない、いろいろなものにもお世話になっている。いや、地球だけの話ではない、全宇宙のすべてのものの中で、私は生かされて生きているのだ」ということに目覚めたのが仏さまです。

私たちが不幸になっているのは、「いのち」と「いのち」の間に垣根《かきね》を作るからです。「私が」という垣根を作って、他の人と対立している。わが家という垣根を作ったら隣の家と対立します。「わが国」と言うと、隣の国と対立します。これらの垣根を超えて、すべての垣根をとっぱらって、これ以上目覚めようのない人にしてあげたいというのが、阿弥陀さまの願いです。

人間だけが仲良くしても、本当の目覚めではありません。地球だけというのも無上ではないのです。全宇宙――私たちが考えているような宇宙ではなく、もっと広い広い世界の中に生かされている。そのことに目を覚まして生きる「いのち」にしてやりたいというのが、阿弥陀さまの願いです。

お浄土とはそういう願いが実現している世界です。お浄土とは垣根のない世界です。無限に広がっている世界。どこかで線を引いて、誰かをシャットアウトするような世界ではないのです。そんな広い世界・お浄土で人間は本当に安心して生きれるのです。

何かあると除外される場では、安心して生きれません。この世では、何かにつけて線を引いて他の人を排除します。「国が違う、何が違う」と、線を引いて喧嘩ばっかりしています。

無限の広がりの世界、何の垣根もない世界、それがお浄土です。私たちはすぐに垣根をこしらえて、他と対立しながら「勝った、負けた」と言っています。そういう「私が」という「我」、「わが国」という「我」、「わが民族」という「我」を立てながら争い、「いのち」をすり減らしています。

そんな私たちを、垣根のない、みんなが、それぞれのいいところを出し合って生きる世界に生まれさせてやりたいという願いが、「帰ってこい」のよび声となって、私に届いているのです。それがお念仏です。「いつまでそんな小さなこだわりの中に居るのか、広い世界に帰ってきなさい」と。

国や民族、ヘタをすると一軒の家の中でも親と子・夫と妻・嫁と姑《しゅうとめ》という目に見えない垣根を作って争い、「いのち」を削り、「いのち」を浪費しているのが私たちです。そんな私たちに、「いっときも早く、広い広い世界に帰ってきなさい」と、よんでくださる声が『南無阿弥陀仏』なのです。

「念仏申す」とは、その声を聞きながら生きるということです。小さな世界の中で、ぐずぐず言っている自分のあり方を、「違った、違った」と目を開き、「我」を開いてもらって生きるのが、お念仏を称えるということです。

ですから、お念仏を称えて「すくわれる」というのは、そのよび声を聞きながら「我」を開いてもらって生きるということです。念仏を称えてからすくわれるのでなく、念仏を称えるそのままが「すくい」なのです。

本願の相（すがた）とは

次に「相」というのは不思議。「弥陀の誓願不思議にたすけられまゐらせて」とあります。思議というのは計らいです。計らいのないのが不思議です。

私たちの計らいとは、自分の物差しで他の人を「いい・悪い」と言うあり方です。自分の物差しに合うと「いい人」、合わないと「悪い奴」と言う。私たちの言う「いい・悪い」は本当はどうかわからないと、人間の言う「善悪のふたつ、総じてもつて存知せざるなり」（『歎異抄』後序）と親鸞聖人は言われました。

ところが私たちは、自分の物差しは間違いないとして「いい人」・「悪い奴」と、自分の物差しで人を切っているのです。また、自分の物差しによって他の「いのち」を比較する。

こんな形で、私たちは、知らず知らずのうちに、他の［いのち］を殺しています。

人間は比較をされたら、つらくて生きられないのです。何かあるたびに「隣の奥さんはどうだ、こっちの奥さんはどうだ」と言われたら、奥さんの居場所はなくなります。男もそうです。「こっちのご主人はどうだ、あのご主人はどうだ」と言われたら、つらくてその場に居られません。

居場所がなくなると死ぬしかないのです。だから、比べるということは、知らず知らずのうちに人を殺しにかかっているのです。

現に、比べられて死んだ子がいます。昔、私の教えていた子で自死《じし》した子がいます。二人姉妹のお姉ちゃんの方です。妹が勉強がよくできるものですから、いつもつらい思いをしていました。何かあったら親が「妹は、妹は」と言うのです。それに耐えられなくなって、とうとう自死してしまいました。

高校に入って喜んでいたのが、お金をもらうたびに「妹なら出しても惜しくない、妹は出し甲斐がある」。姉妹の成績があまりにも違うものですから、母親はついそんなことを言ったのです。母親は何の気なしに言ったのですが、言われた子はたまったものではありません。とうとう自死してしまいました。高校一年の時です。人間は比較されるほどつらいことはないのです。

「不思議」というのは比較しないということです。それがご本願なのです。「あなたはあなたのままでいいのですよ」と、そのまま受け入れてくださる世界。それがお浄土です。この世はなかなか、そのまま受け入れてくれません。

「ここまでできたら」とか、「これだけになったら」と言われても、そうなれない人がいます。なれなかったら「ダメ」と切り捨てられる世界では、安心して生きれません。

　そのまま受容してくださる世界がお浄土です。そのまま受け入れてもらえる世界があって、初めて人間は安心して生きれるのです。

　如来さまは「そのまま」と言ってくださるのです。しかし、それを私が「それなら、このままで」と言うと、居直りになるのです。如来さまの「そのまま」と、私の「このまま」は違うのです。

「そのまま」というのは如来さまが言ってくださるのです。「このまま」というのは私が言うわけです。私が「このまま」と言ったら、横着になる。「そのまま」と言ってくださるから、変わりようのない私が、私のままで精いっぱい生きるのです。

「このままでいい」というのは居直りでしかない。ですから「このままのすくい」というのは浄土真宗にはありません。「そのままのすくい」が浄土真宗です。「このまま」というのは、自分の都合のいいように居直っているのです。

「俺はこんな男」、「私はこんな女」、時たま夫婦でもやっていませんか。夫が「お前なあ、もうちょっと勉強して、何とかならんか」と言うと、「私ってこんな女よ」。(笑い)「これで不足なら、はじめから結婚しなければよかったのに」と、居直られると困るのです。

逆に「お父さんも、これ気をつけてほしいわ」と言われて、「いや、わしはもともとこういう男。変わりようがない」と居直られたら適《かな》わない。私たちは何かにつけて、「このまま」と居直るのです。

「青は青のままでいいから、その青を精いっぱい輝かせて生きなさい」というのが、ご本願のお心です。青に「赤になれ、黄色になれ」と言っても、なりようがないのです。「青は青のままで、力いっぱい生きなさい」というのが、「そのまま」という受容です。

これを勘違いして「そのままのおすくいだから、このままでいい」と胡座《あぐら》をかくと、本当に質《たち》の悪いものになります。浄土真宗の門徒にそういう人が多いようです。

だから、そのままは、「私は私でしかない。けれども、私は私の「いのち」を精いっぱい光らせていこう、輝かせていこう」というのが本当です。そんな世界に生まれさせていただくのが浄土真宗です。

この世はそうではありません。「そのまま」と受け入れてくれる場はありません。「お前ももうちょっと偉くなったら」、「お前もこうなったら」と言って、必ずいろんな条件を出します。そんな中で、私たちは身を切り刻まれる思いで生きています。

何とかその条件を満たせる間はいいけれども、どこかでついていけなくなると、切られます。そういう世界の中で、私たちは苦しんでいるのです。

「お婆ちゃんも、もうちょっと隣のお婆ちゃんを見習って」と言われても、隣のお婆ちゃんと違うのですから、何も胡座をかくわけでないけれど、できないことがあります。私たちは、他の人にそんなことを言って、周りの人を苦しめていないでしょうか。

私もつい、知らない間に、妻とよその坊守さんを比べて、妻を苦しめています。自分で意識しないうちにしているのです。でも、比べられた方は、やりきれません。

本願の用（はたらき）とは

最後の「用《ゆう》」というのは摂取不捨《せっしゅふしゃ》です。どんなことがあっても切り捨てない世界がお浄土です。ですから、お浄土にはリストラはないのです。「お前はつまらんから切る」ということがない。摂取不捨ですから。

これがご本願の「はたらき」です。そんなご本願の世界・お浄土で一人ひとりが安心して、いただいた「いのち」を生きることができる。そんなお浄土に至り届けてやりたいというのが、「帰れ」のよび声です。

この世は、お浄土と全部反対です。開かれていない世界です。枠を作って、その中で優等生にならないと生きられない。また、そのままと受容してくれない世界です。何とか自分を変えなければと思っても、変わらない自分にものすごく苦しんでいる人も多いのです。

さらに、油断したら切られます。「私がいなければ」と思って、「会社に命を預けて、会社と運命を共にしよう」と思っているのに、「辞めてください」と言われたら、やりきれません。そんな中で苦しんでいる人が多いのです。

結局、［我］の枠の中で苦しんでいるのです。その［我］を超えて、無限に開かれ、そのまま受容し、捨てることのない世界、そんなお浄土に、なんとしても至り届けてやりたいというのが、『南無阿弥陀仏』のよび声なのです。

だから、「なんまんだぶ、なんまんだぶ」の一声一声は、「どんなことがあっても捨てることのない世界、そのままで受容してくださる世界に、一時も早く至り届けてやりたい」

という仏さまの願いが、私に届けられているよび声なのです。その願いをいただき、その願いに沿ってこの人生を生きていこうというのが、浄土真宗なのです。

このごろ、「平和の集い」というのを本願寺派の各教区でもやるのですが、本当の平和がお浄土によって示されています。お浄土、これが本当の平和な世界です。いかなる垣根であっても、垣根を作っている限りは本当の平和な世界ではありません。

「あなたの国はこう変わらないといけない」と、一方的に押しつける世界は、平和ではないのです。「イラクの人であろうと何であろうと、民主主義になれ」と言われたら、しんどいと思いますよ。「あなたはあなたのままでいいから、他を傷つけないように」と、相手を認める世界にならなければダメです。

そういう世界に「帰ってこい」と命じてくださる声が、『南無阿弥陀仏』です。それが「帰は至なり」ということです。

こういう思いが今、『南無阿弥陀仏』の六字に込められて、私に届けられているのです。その思いを聞いていく、その願いを聞いていく、もっと言えば、その願いを聞いて願いに従っていく、命に帰していくのが、浄土真宗です。

何でもいいから「なんまんだぶ」を称えていたら、何とかなるという話ではなく、「その命に従ってこの人生を生きていこう。命に従ってこの人生を歩ませてもらおう」という、これが本当のお念仏の世界です。

それが、いつの間にか「なんまんだぶ」を称えてさえいれば、何とかなるということになってしまっています。それは違います。

五 「帰」は阿弥陀仏のまごころ

「帰は至なり」は、ほかにもいろんな味わい方ができます。私が教えていただいた大江《おおえ》淳誠《じゅんじょう》先生は、「帰は至なり」を「至心」と味わっておられました。「帰れ」というのは如来さまの至心（まごころ）という味わいです。私を思ってくださる如来さまの至心が今、「帰れ」の一言になって私に届いているのだという味わい方です。

親鸞聖人が「至心」と言われた時は全部、如来さまのお心のことなのです。私の方には至心がない、「まごころ」がないという領解《りょうげ》です。「浄土真宗に帰すれども　真実の心はありがたし」（『正像末和讃』）と親鸞聖人は悲嘆述懐されました。私には至心がないと言われるのです。

至心というのは「忘己利他」の心です。己を忘れて他の人を思う、それが至心です。私にはそんな心がないと言われるのです。だから、親鸞聖人が至心と言われる時は、常に如来さまの「まごころ」です。第十八の願に「至心・信楽・欲生」とある、至心です。如来さまの「まごころ」なのです。

「帰ってこい」の一言の中に、私たちを思ってくださる仏さまの心のすべてが込められている。その心をいただいていく、それが念仏を称えるということです。称えっぱなしではないのです。称えるということは、如来さまの心をいただくということです。

もう古い話ですが、忘れられないことがあります。今から三十年以上前になりますが、私が大阪の下町から広島の山寺に入ったころのことです。

私の寺は山の中にあり、周りには何もありません。どれだけドンチャン騒ぎをしていても、隣から文句を言われる心配がないのです。隣がないのですから。（笑い）笛を吹くとピーッという音がするでしょ。あの笛の練習には私の寺がいいのです。なぜかというと、会館が寺の外にあり、会館で練習しても、寺に居る者にも聞こえない。普通はピーピー、ピーピーやられると、やかましくて適《かな》いませんが、山の中で誰にも聞こえません。

私が生まれたのは大阪の下町です。夜中でも一歩寺を出れば飲み屋がある。しかし、広島のお寺は一歩どころか、百歩出ても真っ暗闇で、何もありません。

このごろはだいぶ慣れましたが、若い時はつらかったです。私は、年寄り二人のところに子ども（養子）に入ったのです。あまりかわいい子どもではなかったでしょうが。妻もまだいませんでしたから。入寺した当初は、本当にどうしようかと思いました。それで、よく大阪へ帰りました。

私は大阪の寺の長男ですから、出なくてもいいのに飛び出して、それで帰るというのもおかしなことですが、山寺にじっとしていられない。もう、広島の両親は亡くなりましたが、その両親が言いました。「お前、何を大阪にし残したのか」と。

入寺した翌年の、二月のいちばん寒い時でした。お寺は標高三百七十八メートルの所にあります。山の上ですから寒い。その時、何の用事があったのか覚えていませんが、大阪に行こうと思って、朝からバスを待っていました。

バスを待つといっても五分や十分ではないのです。日に四、五本しかないバスですから、遅れたら大変です。三十分も前から震えながらバスを待っていたのです。お年寄りは気が急《せ》くのか、私より前に三人のお婆ちゃんが待っていました。

普段、顔を合わせないものですから、誰が誰かよくわかりませんが、近くの人ですから

「おはようございます」と挨拶したあとは、何も話すこともありません。私は目を逸らして反対側を見ていました。お婆ちゃん方は、よく話があるもので、いろんな話をしておられました。

しばらくして、一組の親子が来ました。どこの人かよくわかりませんが「おはようございます」と挨拶して、また横を向いて、ポケットに手を入れて震えながらバスを待っていました。

お母さんが息子さんにいろいろ話します。お母さんの言葉を聞いていて、「ああ、この子はこの春、高校を卒業して大阪の方へ勤めに出る子だな」とわかりました。お母さんが同じことをくり返し巻き返し話す。母親というのはそういうものです。

「よそへ行ったら、誰に起こされなくとも、自分で起きないかんよ」、「挨拶は先にせないかんよ」、「かわいがってもらえよ」と。昔ですから、会社の寮に入れてもらうようで、「好き嫌いしないで、何でも喜んで食べるのよ」と言うのです。

そういう言葉の合間に、古いことわざも出てきます。「石の上にも三年ということがあるよ」と。そのうちに近所の例も出てきて「どこそこの○○君は去年、大阪に行って、半年もしないうちに帰ってきた」とか。聞いていると、同じことをくり返し言うのです。

「どこの親も一緒だなあ」と思いました。私も母親によく同じことを言われました。

どんな顔をして子は親の言葉を聞いているのかと思って、ジーッと見ると嫌がりますから、横目で見ました。この横目は学生時代から得意です。（笑い）これで試験も通ってきました。（笑い）

お母さんが話しているのに、息子さんはむこう向きで完全に背中を見せている。何回か注意すると、時々、生返事《なま》をします。どこから声を出しているのかと思うくらい元気のない声です。「わかったか、朝は早く起きないかんよ。好き嫌いしちゃいかん。みんなにかわいがってもらえよ」と言うと、時たま「はあ～」、「ふ～ん」（笑い）という空気の抜けたような返事です。

周りに誰もいなくて、親子二人だけなら、返事もしないでしょう。親子だけでしたら怒ります。「うるさいなあ！　そんなに言わなくてもわかってる」と。でも、近所の人がいるから怒るわけにいかない。親に返事しているのではなく、近所の人の手前、返事をしているのですから、力は入りません。「わかったか」と言うと、背中を向けて「はあ～」、「ふ～ん」。（笑い）

その返事が頼りないから、お母さんとしてはまた、言わずにおれない。私は、「あんなにまで言ってやらなくてもいいのになあ」という気もしますし、「親ならこそ、生返事にも腹を立てず、同じことを言うのだなあ」と、自分の母親のことも思い出しながら聞いていました。

そのうち声がしなくなりました。「あれ、どうしたのか」と思って、また特技の横目で見たのです。いつの間にやら息子さんが親から離れていました。畳一帖ほどの幅しかない小さな川が近くにあって、その川を覗《のぞ》いているのです。覗いても何にもいない。山の上の冬の川は、ほとんど水も流れていないのですから。

私は「離れたなあ」と見ておりましたが、そのうち、お母さんの方がじわじわ、じわじわ息子さんに近寄っていくのです。いつの間にか、ちゃあんと並んで、親子ともども川を覗きながら、川に向かって「早く起きるのよ」と言う。言われた息子さんの方は、空気の抜けたような声で「はあ」と言う。（笑い）

そんなこんなで、すぐに三十分が経ったのです。ただ待っているだけでしたら三十分は退屈です。その時は、この親子の様子を見ていて退屈しませんでした。

そのうち山間《やまあい》からバスが出てきました。私の所は終点に近いのでガラガラです。このバスは今でも走っていますが、朝なんか空気だけ乗せて走っています。（笑い）そんなことですから、このごろは手を上げるとどこでも止まります。（笑い）便利いいでしょう。タクシーが止まるように、どこでもバスが止まります。降りる時も「そこで！」と言うと降りられます。（笑い）今はそうですが、三十年前ですから、まだバス停がありました。

山間からバスが出てきました。みんなホッとしました。バスが着いてドアが開くと、乗るのはだいたい年齢順です。まずお婆ちゃんたちが乗り、私が乗って、いちばん最後にその息子さんが乗りました。

その息子さんに、お母さんが下からボストンバッグを渡しました。はじめは周りの人に気を使いながら話していたお母さんの声が、だんだん時間がなくなってくるにしたがって、自然に大きくなる。息子さんがバスに乗って、バッグを渡す時には、バス中に響き渡るような大きな声で「頑張っといでよ」と。言われた本人より車掌の方が飛び上がっていました。（笑い）そのころはまだ車掌がいました。

私も乗って、ドアのすぐ横に座って親子の様子を見ていました。息子さんは母親の方を見ていません。横を向いて、ひったくるようにバッグを取りました。よくあんな上手に、よそを向いてバッグが取れるなと思いました。取ったと思ったら、ものも言わずにいちばん前に行ってしまいました。ドアが閉まって、バスが動き出します。

その時、もう一度お母さんが大きな声で叫んだのです。先には「石の上にも三年」、「どこそこの○○君のように半年で帰ってきてはいかん」と、嫌がるのを追いかけるようにして言っていたお母さんが、バスが動き出した途端に、「つらかったら明日でもいいから帰ってきんさいよ」と。（笑い）広島弁です。

お母さんは頭がおかしくなったのでしょうか。言葉だけ聞いたらおかしいでしょう。先には、「石の上にも三年」、「半年で帰っちゃいかん」と言っていたのが、バスが動き出した途端に、「つらかったら明日でも帰ってこい」になったのです。

これが親です。親というのは矛盾したことを言いますが、親の気持ちの上では矛盾していないのです。どちらも子どもを思う心なのです。強いて分けると、建て前と本音とに分けることができます。

「頑張ってこいよ」というのは、親が親の立場を踏まえて、初めて旅に出る子どもに言って聞かす建て前の言葉です。けれども本音からいうと、よそにやりたくないのです。「つらいことがあり、苦しいことがあったら、ウロウロしないで、いつでもまっすぐわが家に帰ってこいよ、待っているよ」と言う。これが本音だと思います。だから、どちらも親の本当の心です。

「帰ってこい」という一声の中に、子を思う親の心のすべてが込められているのです。「帰れ」はお愛想ではありません。私たちはお愛想でものを言う時がありますが、子どもに「帰ってこい」という親の言葉はお愛想ではないのです。

どれだけ時間をかけても言いきれない、子どもを思う親の気持ちが、「帰れ」のよび声となって子どもに届いているのです。「南無阿弥陀仏」も同じです。「帰れ」の一言に、わが「いのち」を案じてくださる仏さまの心が込められている。「帰は至心」なのです。

念仏するというのは、その心を聞いていくということです。「なんまんだぶ、なんまんだぶ」と、念仏しながら、わが「いのち」を思ってくださる仏さまのお心を聞いていくのです。

そんな、如来さまの真実（まこと）に出遇ったら、「わしが、わしがでなかった。如来さまがあっての私、如来さまのお慈悲の中で生かされて生きる私であった」と、喜ばせていただくのです。そこに、自ずから小さな［我］が開かれていく。念仏によってすくわれるということは、如来さまのお心が聞こえて、すくわれるのです。

浄土真宗は「聞《もん》」の宗教、聞く宗教です。称《とな》えて、すくわれる宗教ではありません。「念仏を称えなさい」と言われて、訳がわからなくとも称えてさえいれば何とかなるという宗教ではないのです。如来さまのお心が聞こえて、初めてすくわれる宗教です。称えるそのままが、聞くということです。

「何でもいい、わかってもわからなくても、称えていたら何とかなるだろう」という話ではありません。「称えたら、仏さまが聞いてすくってくださるだろう」という話ではないのです。仏さまに念仏を聞いてもらうのではなく、この私が聞かせてもらい、目を覚まさせてもらう、それが真宗です。

「帰の言は至なり」を、「帰ってこい」は至心であるという味わいを、話させていただきました。

六　わが身に至る阿弥陀仏

また「至」を「来至《らいし》」と味わうことができます。「帰ってこい」というそのままが、実は「帰れ」とよんでくださる如来さまが私の所に来、至ってくださるという味わいです。
小さな小さな「我」に閉じ込もっている私。明けても暮れても「わしが、わしが」と言いながら、縁ある人と傷つけ合いながら生きている私に、「広い「いのち」の世界に帰れ」

とよびかけながら、実はよんでくださっている仏さまが私の所まで来てくださって、わが「いのち」に至ってくださっているという味わいです。

私には子どもが二人おります。上は二十九歳、下は二十八歳、上は娘で、下は息子です。まだ、どちらも独《ひと》りです。子どもの方は、親が思うほど急いでいないのですが、もうそろそろ何とかなってほしい。このごろは三十代になっても「まだまだ早い」と言っています。本当に落ち着いています。

これは子どもに教えられた話ですが、息子が一歳の誕生を迎えたころの話です。「ああ、こういうことだな」と思ったことがあります。

娘は誕生前に歩きました。早かったのです。だいたい女の子の方が、何もかも早いようです。息子は誕生日になっても歩かないのです。心配でした。このごろはよく歩くのですよ。（笑い）このごろは「居れ」と言っても出かけます。誕生日を迎えても歩けない息子が心配で、歩かせる練習をさせました。

子を持った親なら、みんな同じような経験があるでしょう。やっと立つようになった息子をあやしたあとで、ゆっくり立たせて、こちらからよびます。「はよ来てごらん、はよ歩いてごらん」と。立つのが精いっぱいの子どもをどれだけよんでも歩きません。ふらふらする子どもに「右足でもいい、左足でもいいから、出してごらん」と。誕生を迎えたばかりの者に右・左がわかるはずもありません。（笑い）

一生懸命、「早く来い、早く来い」と言っている間に、親子の距離は縮むのです。何で縮むのか。子どもが歩いて来るのではない。よんでいる親が歩いていくのです。「早う来んかい、まだか、どうした」と言いながら、親が子に近づいて、フラフラしている子どもを抱きかかえて、「よう歩いた、よう歩いた」と喜ぶ。子どもは少しも歩いていない。親が、われ知らず歩いたのです。親が歩いて、「子どもが歩いた」と喜ぶのです。『南無阿弥陀仏』はそれです。「帰れ、帰れ」と言いながら、実はよんでいる如来さまが私の方に来て、わが「いのち」を温め、わが「いのち」を開いてくださる、「はたらき」なのです。

如来さまは向こうで、じっと動かずによんでいるのではありません。私たちをよびながら、如来さまが来てくださる。お念仏申すそのままが、如来さまが私のところに来てくださっているのです。「如来」とは、阿弥陀という一如《いちにょ》の世界から来てくださったお方ということです。

有名な話があります。「春が来た、春が来た」と、みんなが言うので、春を捜しに行った人がいました。「春が来た、春が来たと言うけれど、あなたはどこに春が居るか知っていますか」と尋ね歩いたのです。ところが、みんな「知らない」と言う。それでも一日中、捜し歩いたという話です。これは中国の話です。大きな国で、たくさんの人がいますから、いろんな人がいます。

それで、一日中歩いて、くたびれて帰ってきました。「世間というのはいいかげんなことを言う。誰も春に会ったことがないのに、春が来たという」と、ブツブツ言いながら、お茶を飲んでいて、ふと目の前を見たら、梅の花が咲いていていた。その梅の花を見た瞬間、その人はハッと気づいたのです。春は捜しに行かなくても「わが庭前に来たれり」、わが庭先に来ていたと。

梅の花が咲いたら、春は見えなくとも、間違いなくそこに春が来ている。固い固い土の中から草が芽を出したら、そこに間違いなく春が来ている。

春という実体があるわけではないのです。春は花を咲かせる「はたらき」であり、芽を出させる「はたらき」なのです。そういう大自然の「はたらき」を、「春が来た」と言うのです。

『南無阿弥陀仏』もそうです。目には見えないけれど、小さな小さな［我］にこだわっている私の目を覚まさせてくださる「はたらき」なのです。それが「なんまんだぶつ」です。念仏を称えるそのままが、阿弥陀さまは私のところに来て、わが身に至ってくださっているのです。

如来さまを捕まえようと思っても捕まえきれません。捕まえなくていいのです。春を捕まえなくても、春はちゃんと来てくれるのですから。ただ来るだけではない、それこそ固い固い蕾《つぼみ》を膨《ふく》らませてくれる。凍《い》てついた土の中から草の芽を出させてくれる「はたらき」が春です。

『南無阿弥陀仏』も同じです。「なんまんだぶ、なんまんだぶ」と、念仏を称えるそのままが、如来さまが私のところに来てくださっているのです。念仏は私の頑《かたく》なな「我」の心を開いてくださる温かい「はたらき」なのです。それが「来《らい》」、「来た」ということです。「来る」というのは、方便《ほうべん》なのです。如来の「来」は方便です。私を救わんがための手立てです。「来は衆生利益のため」（『親鸞聖人御消息』）と親鸞聖人は教えてくださいます。私の目を本当に開き、私に真実の利益を与えんがために来てくださっているのです。

ですから、念仏に出遇っているそのままが、ご利益をいただいているのです。念仏を称えてからご利益をいただくのではありません。称えているそのままが、ご利益をいただだいているのです。それが「帰は至なり」という味わいです。

まだもっと、他にいろいろな味わい方ができるかもしれませんが、私が味わっているのはだいたいこの三通りです。

七 われをたのめのよび声

次に「帰説《きえつ》・帰説《きさい》」です。説明の説と書いてあるけれど、音からいうと悦《えつ》・税《さい》になります。

それを左訓《さくん》には、「よりかかるなり、よりたのむなり」と、親鸞聖人はお示しくださっています。如来さまの「私に寄りかかりなさい、私を力にしなさい」というお心が、『南無阿弥陀仏』のよび声となって、私たちに届けられているのです。

人間はどれだけ偉そうなことを言っても、独りでは生きれません。やっぱり、いざとなると、寄りかかるものがないと生きていけません。

しかし、寄りかかるものが「無常なるもの」ではいけないのです。動いているものに寄りかかると大怪我をします。ひどい場合は命を失います。

だから、皆さんも駅で列車が止まっているからといって、列車に凭《もた》れたらいけませんよ。動き出した途端に大怪我をします。動くものに凭れたら危ないのです。

本当に凭れていいのは常住《じょうじゅう》なるものです。世の中が変わろうと、相手が変わろうと、何が変わろうと、変わることのないものを頼りにしなければいけません。

「何が変わっても変わることのない私が居ます。私に寄りかかりなさい。どんなことがあっても、あなたを捨てることのない私が居ます。私を力にし、私に寄りかかってこの人生を生き抜きなさい」と、よびかけてくださる声が『南無阿弥陀仏』です。

皆さんは何を力にしていますか。世の中の多くの人は、お金さえ握っておれば大丈夫と思っています。お金も毎日動いています。円は上がったり下がったりです。あんまり普段は見えませんが、海外に行くとよくわかります。

株でもそうです。私も飛行機会社の株を買いましたが、買うのなら今がいいと思います。上がったり下がったりです。

また、お金は生活する上ではないといけませんが、「いのち」そのものの拠りどころにはならないのです。お金は生活する上では力になりますが、「いのち」ということになると、力にはならないのです。

大阪の酒屋のお爺ちゃんが、自分の家を開放して法座を開いておられます。そのお爺ちゃんに、「いつからこういうことを始められたのですか」と尋ねると、「孫が死んだのが縁でした」と答えられました。

一円の酒を買って一円で売るのでは儲からない。それで、昔の酒屋は二割ほど水を入れて一円で売ったといいます。ですから、日本の昔の書物には、酒屋さんをはじめ、商売人のことがよく書かれていません。どうしてかというと、水増ししていたからです。これが本当の〝水増し〟です。

そのお爺ちゃんは、水増しした上に、同じ酒を高く売っていたのです。近くに梅林があって、梅の花が咲くと多くの人が来る。昔は徳利を持ってきたそうです。

持ってきた酒を全部飲んだらすぐに帰るというような、そんな酒飲みはいません。「途中に酒屋があったぞ、お前買って来い」というわけで、若い者が買いに来る。昔は計り売りですが、酔っ払ってくるとだんだん気が大きくなって、「親爺、もうちょっといい酒ないか」と。それで、十銭で売っていた同じ酒を入れて、十二銭で売るのです。そうするともっと儲かります。

酒飲みというのはいいかげんなもので、「親爺、やっぱり金出しただけあって旨《うま》かった」

と。（笑い）酔っていますからね。その上さらに気が大きくなって「もっといい酒を出せ」と言うわけです。「はい、ありますよ」と言って、裏に回って同じ酒を入れて、今度は十五銭で売るのです。（笑い）それでも文句を言わないで「親爺、やっぱり違うねえ、金出しただけ旨かった」と言う。それをよいことにしてお金儲けをしていたのです。

そのことを、客は知らないけれど、息子さんが見ていたのです。息子さんが嫌がって「こんな商売はしたくない」と言う。親にしたら、店を大きくして、お金を残して息子にと思っているのに、息子さんの方は「親爺のような商売はしたくない。絶対、私は商売はしない」と言って、学校の先生になってしまい、店の方は見向きもしませんでした。お爺ちゃんにしたら寂《さび》しかったのです。息子のためと思って一生懸命、金を残し、商売しているのに、息子さんは見向きもしない。

ところが、孫が「お爺ちゃん、僕が店の跡を継ぐ」と言いました。お爺ちゃんにしたらうれしかったのです。それでなくても、目に入れても痛くない孫です。それが「お爺ちゃんの店を継ぐ」と言うのですから、何よりうれしい。

それで、「息子はまだ若いから、金の有難味がわかってないけれど、あれもいつか歳をとったら、お金の有難味がわかるやろ」と、息子に店を継がせることは諦めました。そして、孫を一生懸命、かわいがったのです。

その孫が病気をしました。孫に死なれたら大変です。お爺ちゃんは毎日のようにお金を持って病院に行きました。お医者さんの顔を見るたびに「どれだけ高い薬でも、高い注射でも使ってやってくれ」、「わしの全財産をはたいてもいい、この孫を助けてくれ」と言うのです。孫がお爺ちゃんの命みたいなものですからね。

お爺ちゃんがあんまり「金《かね》、金」と言うものですから、お医者さんから「来てもらうのはいいけれど、あんまり金、金と言われると、こっちまで頭がおかしくなる」と言われる始末です。どれほど嫌がられても病院に行き、そして、「医者も、うちの息子と同じで、お金の本当の有難味がわかっとらん」などと言っていたのです。

その孫が死んだのです。あんなに「金、金」と言って、孫には惜しげもなくお金を使ったけれど、孫は死んだ。その時、初めて気づいたそうです。「お金で間に合わないことがあった」と。お金さえあったら、この世のことは何とでもなると思っていた。確かに世の中、お金があったらだいたい何とかなります。お金を見せたら国会議員も振り向きます。

世の中というのは、お金があればどうにでもなると思っていたのに、いちばんかわいい孫の命はどうにもならなかったのです。そのことに気づいた時、初めて「わしも死んでいかんならんけれども、本当に当て・頼りになるものが何もなかった」と気づいたというのです。

そのことに気づいたら、寂しくて寂しくて、急に今までやっていたことが、みんなむなしくなったというのです。今まで自分の死ぬことを忘れて、金儲けをして「お金さえ持っていたら」と思っていた。

孫に死なれて、初めて「わしも死ぬ」と。死ぬ時になって「わしを助けてくれるものが何かあるのか」と思ったら、何もなかった。宙ぶらりんです。そのことに気づいて、お爺ちゃんは仏法《ぶっぽう》を聞き出したのです。

「わしは若い時、お金さえあったら何とでもなると思っていたけれども、お金ではどうにもならないことがある。だんだん自分の先が見えてきたら、寂しいばっかりで、お金を握っていても何の力にもならない。当てにならないことがわかりました」と、お爺ちゃんは言いました。

「お金は当てにならなくとも、息子だけは間違いない」と思っている人もいます。実はこれも、どうなるかわからないのです。

八　ある青年の死

もう十年以上も経つのですが、私の寺の日曜学校に来ていた青年が、三十二歳で死にました。一人息子でした。

お婆ちゃんが有り難い人で、お母さんがお嫁に来た時に言ったそうです。「家事の手抜きはしてもいいが、聴聞《ちょうもん》の手抜きだけはしたらいかん」と。家事のことは少しぐらい遅れても間に合うというのです。

聴聞は、間に合わない場合があります。「そのうち」と言っているうちに、命が終わったら間に合わないのです。だから「縁あって来てくれたんや、家事の手抜きがあっても、聴聞だけは手抜きしないでおくれよ」と。

私の寺は山の中ですから車でないと来られないのですが、お婆ちゃんは自分が聴聞するだけでなく、軽トラックでお母さんと二人で来ました。お母さんに、お寺へ参るのに「連れていってくれ」と言う。帰りも「つれて帰ってくれ」と言うものですから、いつも軽トラックでお婆ちゃんとお母さんの二人で、お話を聞きに来ました。

もちろん、お婆ちゃんはもう亡くなっていますが、その家の息子さんが三十二歳の時、肝臓癌で死にました。大学時代に病気をして、輸血をした時にC型肝炎をもらってしまったのです。昔、輸血したり、注射した針からC型肝炎をもらった人が多いそうです。それが直ったつもりでいたのに再発していて、気づいた時は手遅れで死んでしまいました。若い人が癌になると早いです。「何かおかしい」と言って、病院に行ってから三カ月ほどで亡くなりました。

その青年が入院中の話です。お母さんに「先生、お忙しいでしょうが、息子の顔を見に来てやってもらえませんか」と言われました。

だいたい、お坊さんに見舞いに来てほしいと言う人は少ない。私が「見舞いに行こうか」と言うと、「まだお坊さんに来てもらうのは早い」と言う人がいます。（笑い）お坊さんは死んでからしか用がないと思っている。（笑い）

本当は死んでからでは間に合わないのですよ。どれだけお経を読んでも間に合いません。ところが、お坊さんは死んでからだと思っています。「ご院家さんに来てもらうと、本人も気にしますから」とか、（笑い）何《なん》や彼《か》やと言って「来い」とは言わないものです。

それが「見舞いに来てくれ」と言われたのです。私はそれを聞いた時、すぐに思いました。「もう長くないのやなあ」と。何か話をしてやってほしいということでしょう。私は「気になっていながら、バタバタしていて、見舞いに行かなくてすみません。この日に行きます」と、手帳を見て言いました。

それからというものは、どこへ行っても、電車に乗っていても、私の頭から離れないのは「会った時に何を話そうか」ということです。お母さんが「来てくれ」というのは「顔を見る」だけということではないでしょう。お母さんも、お婆ちゃんもご法義《ほうぎ》の人ですから、「仏さまの話をしてやってほしい」ということでしょう。

人間というのはかんじんな時になると、なかなか話ができないものです。また、聞く方もせっぱ詰ると聞けないと思います。だから、平生《へいぜい》に聞いておかなければいけないのです。元気な人には、わりと話しやすい。命が明日どうなるかわからないという時には、何を話したらいいのかわかりません。皆さんも、まだしばらくは大丈夫だと思うから話がしやすいのです。（笑い）

三十二歳です。結婚したばかりで、双子《ふたご》の女の子がいました。若い妻を残し、子どもを残し、歳をとった両親を残して逝く青年に、何を話してやろうかと思うと話がまとまらないのです。途中まで「こういう話をしよう」と、頭の中で話を組み立てるのですが、いざとなると「これは、ちょっと違うなあ」とか、「どうも口先だけになるなあ」とか、いろいろ思い、口が重くなるのです。

とうとう見舞いの日が来ました。「まあ、縁のない青年でない。日曜学校に来ていたし、大学を卒業してからも、よく法座でお話を聞いていた青年だから、顔を見たら何か話せるだろう」と、たかをくくって行ったのです。

病院に行って、ベットの横に座って、顔を見たら、話せるどころか、息が止まるくらいビックリしました。しばらく見ない間に、こんなに人間の姿は変わるのかと思ったのです。三カ月ほど前は、元気だったのです。もともと教育委員会で社会教育をやっていて、ママさんバレーのコーチをしたりしていました。元気だったのが、もう見る影もないほど痩《や》せ細って、顔は土色《つちいろ》です。

肝臓癌ですから、黄疸症状で目も黄色くなっている。そして鼻からチューブで酸素を送っています。顔を見たら話すどころか、息が詰まりそうになりました。それでも何も話さないわけにいきません。

「どんな具合や」と言うのが精いっぱいでした。そうすると一言「しんどい」と。聞かなくてもわかっていることです。何とも間の抜けた言葉でした。「しんどいか」と言ったあと言葉が出ないのです。

「何か話してやろう、何か言ってやろう」と思っても言葉が出ません。かえって病人の方が私を励ますように言ってくれました。「先生、元気になったら、またお寺に参る」と。

住職がいちばん喜びそうなことを知っていて言うのです。住職は何がいちばんうれしいかというと、それは寄付をしてもらうのもいいですよ。（笑い）しかし、やっぱり門徒の人やご縁のある人がお話を聞いてくださるのがいちばんうれしいのです。だから、ご門徒の方がお話を聞いて、うれしそうな顔をしてくださるのが住職の無上の喜びです。

それを、三十二歳の青年なりに感じ取っていたのでしょう。何も言えないで、本当にどうしようかと思って、顔を見ているのもつらい私に、「先生、元気になったら、またお寺に参る」と、逆に私を励ましてくれるのです。「参ってくれるか」と言うのが精いっぱいでした。

今度は私が話しかける番だと思うのですが、どうしても言葉が出ないのです。何を言ってもむなしくなる感じ、何を言っても上辺《うわべ》だけのことになってしまうと思い、黙っていました。

すると、しばらく経ってまた、青年の方から「先生、お寺に参ったら、ビールを飲ませて」と言いました。そんなことを言うのは、青年も私もアルコールが好きだということが前提です。日曜学校に来ていましたから、子どもの時からよく知っていて、法座で青年の顔を見たら用事を頼みます。法座が終わったら「椅子を片づけて」と。それで、片づけが済んだら、「飲むか」と言うと、うれしそうな顔をして「はい」と言うのです。

二人が飲んで話すことは、彼が町の職員ですから、町の出来事です。「この間、町会議員がこんなことを言った」とか、「町長がこうだ」とか、「町でこんなことがあった」とか、私はほとんど地元にいないので、それが唯一の情報源です。そんな話を聞くのが楽しみだったのです。話を聞きながら、いつもビールを飲んでいました。

時には私が声を掛けるより先に、「先生、今日は、あとゆっくりしていく」と言いました。「ああそうか、ゆっくりしていくなら頼むよ」と、後片づけを頼み、法座のあとはいつもビールを飲んでいたのです。そんなことがあったので、「ビール飲ませて」と言ったのです。

「先生また、お寺に参ったらビール飲ませて」と言いますから、「ビールぐらいなら、いくらでも飲ませてやるぞ」と言おうと思ったのですが、それだけの言葉が出ませんでした。「ビール」と言った瞬間に胸がいっぱいになって、涙がこぼれそうになりました。声が詰まってしまって、胸が熱《あつ》くなり、目頭《めがしら》が熱くなって、涙がこぼれそうになったのです。それをぐうっと堪えて、言葉を飲み込みました。そして、下を向いて黙っていました。「何か話してやろう、話してやろう」と、焦《あせ》れば焦るほど、言葉が出てこないのです。二、三十分も座っていたのですが、どうしても言葉が出ませんでした。

これ以上じっと座っていると、病人も気を遣って疲れます。「今日はこれで帰る。また来れたら来る」と立ちました。ドアの方を向いた途端に、後ろから「先生……」と言うのです。日曜学校の時から先生です。「先生」と言いますから、「どうした」と振り返りますと、「先生、また遇《あ》えますね」と言いました。

「また遇えますね」は、もうこの世の話でないのです。本人もわかっているのです。何も言わないけれど、自分でもうダメだということが。

本当は、私が言ってやらなければならないのです。「これでおしまいではないよ。また遇う世界があるぞ」という話を、僧侶である私が、してやらなければならないのに、それが言えなかったのです。

三十二歳で、奥さんと子どもを残していく若者に、私の方から「また遇えるぞ」とは、言えませんでした。それを、本人が言うのです。私はつらくて「うん、遇えるなあ」と言うなり、また入り口のドアの方を向きました。顔を見ていると涙が落ちそうになります。「遇えるなあ」と言って部屋を出ようとしましたが、それこそ一歩も足を動かさないうちに、また「先生……」と言いますので、「どうした」と振り向きました。ジーッと私の目を見て青年は言いました。「先生、若い間から聞かせてもらっておいて、よかったと思います」と。

何を聞いておいてよかったのかは聞きませんでしたが、私はやっぱり『南無阿弥陀仏』を聞いておいてよかったと言ったのだと思います。

「われを頼め、われを力にせよ。どんなことがあってもお前を引き受ける私がいるのだから、心配しないでいいよ。私がいる、私がいる」と、よびかけてくださる如来さまのよび声を聞いていたから、子どもや妻、親を残して、この世を離れることができると言いたかったのでしょう。

お念仏がなかったら死ぬに死にきれないと思います。何も言えない私に、青年は「先生、若い間から聞かせてもらってよかった」と言いました。「そうやなあ」と応えて、もう逃げるように帰りました。みんな、私が話してやらなければならないことを、青年が言ってくれたのです。

その後すぐに亡くなりましたので、もう会えませんでした。人間というのは、いざとなったら何が力になるかというと、この世のものは何も力にならないのです。その時に、最後の最後まで変わることなくわが力になってくださるのは、「われを頼め、われを力にせよ」と、よんでくださる『南無阿弥陀仏』一つです。

ところが、よーく聞いていたお母さんがその後、「先生、どうして一人しかいない家の息子が死ぬんでしょうね」と言いました。たくさん子どもがいるところは、一人ぐらい死んでもいいみたいな言い方です。そんな気になるのでしょう、よく聞いた人でも。

その時も、私は返事のしようがなかったのです。「つらいですね」としか言えませんでした。

しかし、それから二年ぐらい経った時に、お母さんが「先生、息子は仏さまでした」と言いました。聞いても聞いても、如来さまの言葉を聞いているようだけど、話を聞いているだけで「私には子どもがいる。子どもがいるというところに、私は座り込んでいました」と話されました。

また、「聞いても聞いても、子どもがいる。まだまだ如来さまのお世話にならなくてもいいと思っていました。けれども、本当に最後の最後まで私を支えてくださったのは、

『南無阿弥陀仏』しかなかったのです。息子は私の子どもとして生まれてきて、三十二年間、私の身に添いながら、このこと一つを教えて、お浄土へ帰ってくれました。息子は私の仏さまでした」と。

そして、「私の子だ、私の子だと思っていたけれど、息子は私にいちばん大事なことを教えるために、三十二年もわが身に添って、いちばん大切なことを教えてくれた仏さまでした」とも、お母さんは言われました。

「帰ってこい」は、確かなものを持たない私たちに、「われを頼め、われを力にせよ。どんな時でもあなたを捨てない私が居る。身は終わっても、「いのち」は最後でない。あなたの「いのち」を、必ずお浄土まで至りとどけてやろう」という言葉が「なんまんだぶつ」です。それが、「帰ってこい」という阿弥陀仏のよび声なのです。

九　釈迦・弥陀二尊のよび声

「帰悦」「帰税」の元の言葉は「帰説」です。その「説《せつ》」の字から、親鸞聖人は「告《つぐる》なり、述《のぶる》なり」の意味を出されます。

親鸞聖人は、『南無阿弥陀仏』の「南無は帰命」とお示しくださった善導大師の指南を受けて、『尊号真像銘文』で、

帰命《きみよう》はすなわち釈迦《しやか》・弥陀《みだ》二尊《にそん》の勅命《ちよくめい》にしたがひて召《め》しにかなふと申《もう》すことばなり

(『註釈版聖典』六五五頁)

と味わわれます。「帰悦」「帰税」の「悦《えつ》」「税《さい》」はもともと「説《せつ》」と書いてあるのです。説《せつ》を音で「悦《えつ》」とか「税《さい》」と読んでいるわけです。元の字は帰説《きせつ》ですが、この「説《せつ》」から転訳して、説《えつ》の字は「告げる」という意味があり、「述べる」という意味もあるのです。「告げる」とは、「なんぢ一心に正念にしてただちに来たれ、われよくなんぢを護《まも》らん。」という阿弥陀さまのよび声、すなわち弥陀招喚の声です。「述べる」というのは、お釈迦さまの「きみただ決定してこの道を尋ねて行け」というおすすめ、すなわち釈迦発遣《はつけん》の声です。『南無阿弥陀仏』の中に、親鸞聖人は、阿弥陀さまとお釈迦さまのお声を聞かれたのです。

浄土真宗のお寺では、内陣にお釈迦さまが安置されていません。「浄土真宗は仏教なの

に、開祖のお釈迦さまを拝まない」という人がいますが、浄土真宗は、阿弥陀さまの中にお釈迦さまもいただいているのです。

阿弥陀さまのお姿の中に、釈迦・弥陀二尊をいただいているのです。だから、「なんまんだぶつ」は阿弥陀さまがよんでくださる声、それで間違いないけれども、そのよんでくださる声の後ろに、すすめてくださるお釈迦さまのお声もあると味わうのです。

お寺のご本尊のところだけお仏飯《ぶっぱん》を二つ置くのです。親鸞聖人、蓮如上人など他の方はみな一つです。阿弥陀さまの前だけ二つ置きます。「これはお釈迦さま、阿弥陀さま、お二人の分だ」と、子どものころに教えられました。

阿弥陀さまのお姿の後ろにはお釈迦さまも居られるのです。それを親鸞聖人は『南無阿弥陀仏』の上で味わっておられるのです。これが「告《つぐる》なり、述《のぶる》なり」というお心です。

十　「命」は阿弥陀仏の業

続いて「命《みょう》」について、八つの意味を出されます。これを全部はお話できません。『教行証文類』の「行巻」には「命の言は、業なり、招引なり、使なり、教なり、道なり、信なり、計なり、召なり」と、八つの意味を出されています。

阿弥陀如来が私たちに「帰ってこい」と命じてくださるのは、「業」だと親鸞聖人はいただかれたのです。「帰ってこい」は阿弥陀如来の業だと言われる。業とは「はたらき」とか「行為」という意味です。仏さまの上でいうと、私たちをすくわずにはおれないという「はたらき」です。

仏さまのはたらきを「大願業力《だいがんごうりき》」といいます。この「業力」は、私の力でなく、仏さまの力のことです。親鸞聖人は私たちの業、私の行為の問題も言われますが、多くは「大願業力」、仏さまのおはたらきです。「願力無窮《がんりきむぐう》にましませば」(『正像末和讃』)というご和讃がありますが、その願力をていねいに言うと「大願業力」となるのです。如来さまの大きな願いのはたらきです。

だから「命の言は業なり」とは、「帰ってこい」と命じてくださるのは、仏さまの、私たちをすくってくださるおはたらきという意味です。

「親の業」という言葉があります。このごろは「親の業」という言い方をしなくなりましたが、昔はよくしました。子どものことを、普段はどれだけぼろくそに言っていても、いざとなると親は子を絶対捨てないという意味の言葉です。親とはそういうものだという言葉です。口では「もうあんな子はどうなってもいい、諦めた」と言っていても、親の本当の心ではありません。

私も若い時、近所の子どもの勉強を見ておりましたが、時々そういう親がいました。「先生、もういいです、あの息子は。どれだけ言っても勉強しないから、もう諦めました。どうなってもいいと思っています」と言いに来た母親が、すぐあとに「なんとか息子が高校に入るいい方法ありませんか」と。（笑い）

親は口で何を言っていても、子どもを捨てられないのです。それが「親の業」です。「親の業」とは、子を捨てることのできない親のあり方を言う言葉です。よその人はいざとなったら捨てます。「あんなものはどうでもいい」と、パッと捨てます。「帰ってこい」とよんでくださるのは、如来さまの「お前を捨てることができない」というよび声です。誰一人として捨てられないというのが、仏さまの業なのです。

もう何年も前の話です。私、岐阜の大垣へ話に行ったのです。京都から新幹線に乗って岐阜羽島に出ると近いのですが、久しぶりに東海道本線に乗りました。というのは私の母親が岐阜の出なのです。大垣からずっと揖斐川を下った、輪中《わじゅう》といって川と川の間で島になっているのですが、そこが母親の里です。

子どもの時によく母親に連れられて、東海道本線に乗りました。久しぶりだし時間もあったので、乗りましたらガラガラです。四人掛けの向かい合いの席を占領して、足を伸ばして「たまにはゆっくりした電車もいいなあ」と思って、本を読んでいました。

三つ、四つ過ぎた駅から、三人の子どもを連れたお母さんが乗ってきました。乗ってきたのはいいのですが、その子どもたちが元気なのです。ガラガラの電車を走り回る。走るだけでなく座席を乗り越えて私の席の方にも来るのです。人がいないので、あっちの席こっちの席と移動するのです。もう、本など読んでいられません。

「親が注意すればいいのに、このごろの親はつまらんなあ」と、私は腹を立てていましたが、そのうち静かになりました。子どもがみんな寝てしまったのです。遊び回って疲れたのでしょう。「ああ、やっと静かになった」と思って、また本を読み出したのです。

すると、せっかく寝ているのに、お母さんが起こすのです。「起きて、起きて」と言って。あと、二つ先の駅で降りないといけないので「起きて」と。三人の子が寝たら、お母さんは連れて降りられません。

ところが、遊び疲れた子どもは、なかなか起きません。一人を起こしてる間に、他の子が寝ます。次を起こすと、また寝る子がいます。

それでお母さんが、「寝てたら放って行くよ。お母さんよう連れて降りんよ。放っとくよ」と。私、どうなるものかと興味津々で見ておりました。あんなに「放っとく、放っとく」と言うから、本当に放って降りるのかと思ったら、放って降りませんでした。ちゃんと連れて降りました。（笑い）どのように降ろしたのか、今、想像しても思いつかないのです。たくさん荷物を持って、寝ている三人の子どもと、ちゃんと降りましたね。「放っとく、放っとく」と言っていても、親は放って行かない。それが「親の業」です。如来さまの業もそれなのです。「帰ってこい」というのは「放っておけない」、「捨てられない」という思いです。それが阿弥陀さまなのです。

田中角栄さんのお母さんの話を今でも思い出します。田中角栄さんが総理大臣になった時に、お母さんは新潟県の西山町という所に大きな家を建ててもらっていました。元気のいいお婆ちゃんで、暇さえあったら近所に出かけて、息子の自慢話をしました。それはそうでしょう。大学を出たわけでもない人が、総理大臣になったのですから、これはもう自慢せずにはいられなかったのです。

そうして、喜んで自慢していたのに、ロッキード問題で、田中角栄さんは総理大臣をやめました。途端にお母さんが家から出なくなったそうです。近所の人が心配してお母さんを訪ねました。

訪ねて来た人に、お母さんはもう角栄さんの自慢はしなかったのです。「つまらん息子を持ったら、親は恥ずかしくて、お天道さまのもとへ出られない」とか、「息子がつまらんことをするから、親は世間様に顔向けできない」と、そんなにまで言わなくてもと思うくらいグチをこぼされたそうです。

ところが、衆議院を解散して選挙になった。お天道さまの下へ出られないほど恥をかかした子ですから、放っておけばいいのに、投票日に、お母さんは着物を着替えて投票に行ったそうです。誰に入れたのか、間違いなく息子である田中角栄さんに入れたのでしょう。これが親なのです。口でなんと言おうと、子どものことになったら放っておけないのです。

『南無阿弥陀仏』、「帰ってこい」の命令は「親の業」です。どんなことがあっても捨てることができないという心です。

第十八願に「唯除五逆誹謗正法」、「五逆の者と謗法の者、大切な恩を逆なでする人間や、おみのりをそしるような者を、私はすくわない」とあります。しかし、そう言いながら、実は放っておけないというのが、阿弥陀如来の業なのです。

「命の言は、業なり」、「帰ってこい」というところに、わが［いのち］を思って、捨てることができないという阿弥陀さまの思いが、命令となって届いているのです。それが『南無阿弥陀仏』です。

十一　阿弥陀仏からのお便り

また、「命は信なり」というお示しがあります。信とは音信という意味です。これは「便り」ということです。通信とか音信とか電信とか、これはみな便りという意味です。『南無阿弥陀仏』は阿弥陀さまから私へのお便りだと、親鸞さまは喜ばれたのです。阿弥陀さまから私への便りが、『南無阿弥陀仏』です。

私は若いころ、本願寺の伝道院の寮の世話をしていたことがあります。伝道院には大学を出てから来ますから、生徒はみんな一人前の大人です。それが、やっぱり、親の便りを待っています。現金書留が来るからです。

生徒は、親の便りを待っていますが、自分の方から親に便りすることはほとんどありません。かれこれ五、六年お世話しましたが、親に手紙を書いているのを見たことは皆無《かいむ》でせん。

す。奥さんがいる人は奥さんに手紙を書きます。彼女がいる人は彼女に書きます。

親に連絡するのはみな電話です。それも電話代が高くつきますから、親持ちにします。昔の電話機ですから、十円玉を入れるしかなかったのです。もちろん、カードもなかった時代でしたから、十円玉を横に積んでおいて電話をする。生徒は少しでもお金を使わないようにと努力するのです。

どうしてかというと、お金があったら飲むのです。伝道院の斜向かいに野村酒店という酒屋がありました。それをみんなが「野村別院」と言いました。（笑い）「別院に行く」と言いますから、何かと思ったら、酒を飲みに行くのです。お酒の方にお金を回したいものですから、電話代はなるべく切り詰めるのです。

だから、北海道であろうと沖縄であろうと、なるべく十円で済ます方法を考えました。電話をかけて親が出た途端に「伝道院や、かけ直して。待ってる」。（笑い）それだけ言って切るのです。親から電話がかかってくるまで、他の人に電話を使わさないように、電話機の番をします。

親というのは有り難いもので、どうせろくな電話ではないとわかっていても、すぐ折り返し電話がかかります。（笑い）すると、今度はゆっくりと話します。長電話も長電話。

どれだけ話しても電話代は親持ちですから。（笑い）

聞いているのですから、お父さんが出ているのですから、お父さんが出たらお母さんの安否を聞くとか、お母さんが出たらお父さんのことを聞けばいいのに、猫はどうだとか、犬はどうだとか、そっちは雨かとか。聞いていると「何の電話をしてるんだ、いい加減にしろよ」と言いたくなるころ、やっと用件が出てきます。

子どもから親への用件はたった一つです。「お金を送れ」。（笑い）これしか用がないのです。「参考書を買うので本代を送ってほしい」とか、ほかにもいろいろな理由を付けて、お金を送らせるのです。「飲み代を送れ」とは言いません。

そんないい加減なことをしているのに、親からはちゃんと手紙が来るのです。その手紙に何が書いてあるかは見ませんが、やっぱり子どもの身を案ずることしか書いてないと思います。「どうしているか」、「元気にしているか」と、子の安否を心配する手紙だろうと思います。

子どもの方から親には、自分の都合のいいことしか頼みません。けれども親の方は、子どもの身を案じています。

「なんまんだぶつ」はお便りです。如来さまが私の身を案じて、便りをくださる、その便りが「なんまんだぶ、なんまんだぶ」の一声一声なのです。

私たちは仏さまの前に座って、自分勝手なことを頼みます。「子どもが試験に行きましたが、よその子は落ちても、うちの子だけは通りますように」とか、そんなことは口では言わないけれど、思いにはあります。「明日は子どもの運動会、晴れになってください」と、口では言いませんが、私たちが仏さまに向かう時は、自分の都合のいいことだけをお願いします。

けれども、そんなことしかお願いしない私たちを案じて、如来さまから便りが来るのです。その便りが「なんまんだぶつ」です。「なんまんだぶ、なんまんだぶ」と、私が称える念仏の一声一声は、わが「いのち」を案じてくださる如来さまのお便りなのです。

そんなお便りに目を開いてもらったお礼の言葉も「なんまんだぶつ」です。

十二 「帰命」は本願招喚の勅命

このように「帰命」の心を一つ一つ味わいながら、親鸞聖人は「帰命は本願招喚の勅命なり」と喜ばれたのです。

「なんまんだぶつ」は、如来さまが、わが［いのち］を思ってくださる願いを、よび声として私に届けてくださっているのです。その「帰ってこい」と喚《よ》び続けてくださる方が阿弥陀さまだということを、善導大師は「阿弥陀仏といふは、すなわちこれその行《ぎょう》なり」とお示しくださったのです。

また「南無といふは、すなわちこれ帰命なり。またこれ発願回向の義なり」とあります。「帰ってこい」は帰命であり、帰命は「発願回向」の義であるというのです。「発願回向」とは、私たちを何としても小さな小さな［我］の執われからすくい出してやりたいという願いを起こしてくださった阿弥陀さまのお心が、今、「帰れ」のよび声となって、私の方に振り向けられているのです。だから、南無は「帰命」ですが、それは阿弥陀仏の「発願回向のお心」なのです。

「阿弥陀仏といふは、すなわちこれその行なり」、親鸞聖人はそれを選択本願といただいておられます。そのお念仏が届いて、初めて、わが口から仏さまの名前が出るのです。

もっと言えば、「念仏申さんとおもひたつこころのおこるとき」ですから、出る前です。如来さまのよび声が、今、私に届いて、「念仏申さんと思い立つ心がおこるとき」に、もうすでに、私たちは如来さまの「すくい」の真っただ中に居るのです。称えてから如来のお心に摂取されるのではなく、念仏申さんと思い立つその時、すでに如来さまの摂取不捨のはたらきの中に私たちは居るのです。

私たちがお念仏するということは、親のよび声が届いて、親の名をよぶ相（すがた）です。私たちが初めて「お母さん」と言う。私が「お母さん」と言うまで、お母さんが黙っていたのではないのです。

私が「お母さん」と、親の名をよぶ前に、どれほど「お母さんよ、お母さんが居るよ、お母さんよ」と呼びかけてくださっていたかわからない。そのよび声に応えて、やっと私の口から「お母さん」が出るのです。

「お母さん」という言葉が出るということは「お母さんよ、お母さんよ」のよび声が、この身に届いたからです。親の温かい心に触れて「お母さん」と言うのです。

私が「なんまんだぶつ」と称えるのだけれど、私に称えさせたのは、『南無阿弥陀仏』自身なのです。如来さまが、私の口を使って「なんまんだぶつ」と言わせているのです。

私が「お母さん」と言っているのですが、「お母さん」と言うまでに、どれくらい私を思い続けてくださった親の心があったことでしょうか。その親の心を受け取れなかったら、「お母さん」とは言わないのです。

今度、釈放されますが、神戸で子どもの首を切った少年はもう二十一歳です。今でもお母さんと会いたくないそうです。「殺した人には悪かった。償《つぐな》いをしたい」と言い出したということです。けれども、いまだに親には会いたくないそうです。どうして会いたくないのか。親の心が届いていないのです。

あのお母さんは、どこかで失敗したのでしょう。温かい親の心を届けるより、「この子をなんとかいい子にしなければ」という思いの押しつけの方が、強かったのだと思います。その重圧に耐えられなかったという面があるのです。ものすごく教育熱心なお母さんでした。『少年A・この子を生んで』（文春文庫）という本を、お母さんが書きました。私も読んでみて、このお母さんは子に対する親の思いが勝ち過ぎていて、親の心が、子どもに届いていなかったのではないかと感じました。

私たちが、素直に「お母さん」とよべるのはなぜかというと、親の心がいただけたから「お母さん」とよぶのです。『南無阿弥陀仏』というのも、如来さまが「なんまんだぶつ」と言わせたのです。

私が称えているのは、私が勝手に称えたのではなく、「なんまんだぶつ」と如来の名をよぶまでに、如来さまが育ててくださったのです。だから、「お母さん」とよぼうと思った瞬間に、もうお母さんの心の中に抱かれているのです。

「念仏申さんとおもひたつこころのおこるとき」、もうすでに親の心の真ん中にいるのです。だから、どれだけ親の心に抱かれていると言っても、「お母さん」というよび声が出ないというのは、これは親の心の外にいるのです。親から言うと、子はいつも親の心の中にいるのです。

「念仏申さんとおもひたつこころのおこるとき、すなはち摂取不捨の利益にあづけしめたまふなり」。親の心に抱かれているということが、この身に受けとれたら、「わしが、わしが」でなく、「お慈悲が、お慈悲が」と、小さな小さな［我］を出ていく人生が始まるのです。本当にすくわれていく人生が始まるのです。

私たちのすくいは親の心に遇う以外にないのです。自分で自分の心を開くことはできませんが、親の心にふれて子の心は開くのです。私のすくいは、お念仏によって阿弥陀さまのお心に遇って、［我］の心が開く以外にないのです。

それが、お念仏によって阿弥陀さまに遇った親鸞聖人の喜びなのです。

（二〇〇三年五月二十四日）

第六講　利益

一　はじめに

今回は「利益《りやく》」です。『歎異抄』第一章のはじめに「弥陀の誓願不思議にたすけられまゐらせて、往生をばとぐるなりと信じて」とあります。「たすけられる」ということは、次の「往生をばとぐるなり」と同じことです。言葉は変わっていますが、「たすかる」ということは、「往生」ということ。「往生」というのは、「たすかる」ということです。

そして、さらに「摂取不捨の利益にあづけしめたまふなり」とあります。利益をいただくということと「往生」も別のことではなく、「たすかる」というのと同じなのです。同じ意味の言葉が視点を変えて、短い文章の中に三回出てくるのです。だから、「往生」のお話と重複するところがあります。

二　ご利益とは

まず「ご利益《りやく》」という言葉の意味ですが、一般的に「願い」というか、自分の思いが実現すると、「ご利益をいただいた」と言います。どの宗教でも、何かお願いして、その願いを叶えてもらうことを「ご利益」と言います。

「あの学校に入学させてください」とお願いして、希望の学校に合格したら「ご利益をいただいた」というわけです。お稲荷さんに商売繁盛をお願いして、商売が繁盛したら「ご利益をいただいた、お稲荷さんのご利益だ」と言います。

仏教、浄土真宗でも同じです。願いが叶えられることがご利益なのです。これは基本的に一緒です。けれども、この「願い」の中身を検討すると、まったく違うのです。

多くの宗教が願いと言っている中身は、「欲」です。自分の都合のいいことを聞いてもらったら「ご利益」というのです。自分中心の願いです。自分がよくなればいい、それも、非常にエゴ的な願いが多い。それが叶うと「ご利益」と言います。

仏教も「願い」ですが、その願いの中身が違うのです。私の都合のいい、自分のエゴを全部叶えられたら、本当は困ることが多いのです。

ひどい場合は戦争をする時でも神さまにお願いするのです。日本も六十年前にやりました。戦勝祈願です。勝っていたらご利益があったのでしょうが、日本の神さまにはご利益がなかったのです。日本は負けました。

宗教がそんな願いを叶えるならば、神さまや仏さまは敵をやっつける一種の武器と変わらないのです。戦争という、人間の最大の過ちを援助するような神さま・仏さまでは困ります。

私たちが願っているのは、みんなの幸せでなく、まず自分の幸せです。そういう願いを、全部叶えてくださる神さま・仏さまが、もし居られたら、それは悪魔です。

人間はいざとなると、神さまさえも利用する恐ろしい生きものです。今度のイラクの戦争でも「宗教戦争だ」と言う人がいます。「宗教は戦争の元になる。だから、宗教はけしからん」と言う人もいます。

しかし、本当は宗教が元になっているのではなく、人間の「欲」が元になって、宗教を利用しているのです。違いますか。神さまが鉄砲を持ったというのは聞いたことがない。

鉄砲を持って人を殺しに行くのは人間です。その人間が自分の立場を正当化するために、神や仏まで持ち出して利用するのです。

仏教の場合、そういう歴史はありませんが、キリスト教やイスラム教には、戦争に神を持ち出す長い長い歴史があります。キリスト教がローマから攻めてアラビアの方を抑えたことがあります。また、逆にイスラム教がスペインの方から、ヨーロッパの方に入って行ったこともありました。また、それを追い返したことも。そのつど、人間は自分のやってることを正当化するために、「神さまの思し召し」とか、「神さまがやっている」と言い出します。それを宗教戦争というのでしょう。

宗教嫌いの人が特に、戦争があると「宗教戦争、宗教戦争」と言います。宗教が戦争をするわけがない。人間は自分の思いを通すために、神さま・仏さまさえ利用します。

私がいつも話す昔話があります。「昔むかし、あるところに……」このごろ、こんな昔話をしてくれる人がいなくなりました。本当は子どもの時に、昔話をよく聞いておくといいのです。このごろの親は子どもに話しません。このごろの親は子どもの横でメールを打っています。

電車に乗っても、もう子どもは放ったらかしです。以前、子ども連れのお母さんと向かい合わせに座りました。一歳半ぐらいで、まだフラフラして危なっかしい子でした。電車に乗ったと思ったら、お母さんは携帯電話でメールを打ち始めました。子どもを放ったらかし、母親はメールをながめて一人ニコニコ笑っている。目の前の母親の顔を見ていると面白かったです。

一人で遊んでいた子どもが、「遊んで！」とお母さんの髪を引っ張ったら、お母さんが恐ろしい顔で怒りました。母子はこれでいいのでしょうかね。母は子に昔話をしてやるのがいいと思います。

三　聞く観音、聞かぬ観音

昔むかし、山の中の平和な村がありました。村の東と西の山すそに観音堂がありました。村の人は東の方の観音さまにばかり参って、西の方の観音さまには参らないのです。

どうしてかというと、東側の観音さまは頼んだことを何でも聞いてくださる、「聞く観音」です。「観世音菩薩」とは、もともとこの世の人の音（声）、世音を聞いてくださる菩薩です。西の観音さまは何を頼んでも知らん顔、「聞かぬ観音」。だから、村の人は聞いてくださる方の、東の観音さまに参って、西の観音さまには参りませんでした。

ところが、ある時、大変なことが起こりました。

この村の庄屋さんに一人娘がいました。だいたい、こんな場合の娘さんはきれいに決まっています。きれいでなかったら話が続かないのです。きれいなきれいな一人娘がいました。村の若者はみんな、娘さんのことが気になるのです。

しかし、昔のことで、身分がどうのと言った時代です。気にはなるけれど「どうせ、自分たちは相手にしてもらえないし、娘さんを思うだけ自分が苦しくなる」と、村の若者たちは諦めていました。

ところが、庄屋さんが何かの会合の時に言いました。「娘もそろそろ年頃で、婿《むこ》を迎えなければと思っている。私は、家柄がどうのではなしに、この村の気心の知れた若い人で、娘にふさわしい者がいたら、その若者を迎えようと思う」と。

その話が村中にパーッと伝わると、適齢期の若者は「私にも望みが」と色めき立って、いっせいに何人かの若者が、手を挙げたのです。けれども、しばらくすると「やっぱり自分はダメだ」と、一人手を降ろし、二人手を降ろし、とうとう最後は二人になりました。

これからが大変なのです。甲乙つけがたい二人が残った。この二人が「我こそは、お嬢さんの婿に」と争いました。庄屋さんも困りました。一人だけならいいのですが、甲乙つけがたい二人が「我こそは」と言うのですから、決めにくいのです。二人の若者も一生懸命アピールするのですが、なかなか決まらないのです。

焦った若者の一人は考えました。東の観音さまに頼もうと。すぐに「我こそ、庄屋さんのお嬢さんの婿に」と頼みに行きました。すると、もう一人もそのことを知って、すぐに頼みに行きました。二人が同じ頼みをお願いに行ったのです。

困ったのは東の観音さまです。聞いてやりたいけれど、二人の同じ願いを聞き届けてやるわけにいきません。困りました。いつもなら、すぐ聞いてくださるのに、その時は観音さまも困った。二人の若者も困ったのです。

お互いに同じことを頼みに行ったことを知って、片方の若者が「ああ、そうだ。同じ願いを頼んだら観音さまも困る。願いを変えよう」と。

どう変えたかというと、相手がいなくなったら、自動的に自分が婿になれる。相手が死ねばいいと考えたのです。それで、「前の願いを取り下げますから、どうぞ相手が死にますように」とお願いしました。すると、この願いなら一つですから、観音さまは聞き届けられたのです。もう一人の若者が、その晩コロッと死にました。

急に亡くなったのは、東の観音さまに、相手がこちらの若者の死を願いに行ったからだということがわかりました。亡くなった若者の親が腹を立て、すぐに「あの若者も死にますように」と頼みに行ったのです。そうすると、残った若者もコロッと死にました。すると、これを聞いたその親が、また腹を立てて「あっちの親父に死を」と。

そんなことをやっている間に、お互いの縁者がどんどん死んでいきました。村の人口が、かなり減りました。

そこで初めて、村の人が気づいたのです。聞いてくださるのをいいことに、自分の都合のいいことを聞いてもらったら、村が滅びてしまいます。

ですから、イラクの場合でも、イスラム教の神さまのご利益がなかったから負けたのでしょうか。そんなことを最後までやったら、国そのものが滅亡します。

人間はお互いに「自分の願い」を神仏にお願いしますが、その願いの中身は自分中心で、自分の都合のいいことだけをお願いに行きます。しかし、それを聞いてもらうのがご利益というならば、大きく言えば人類は破滅するのです。ところが、人間は相変わらず世界中で、宗教の名でそんなことをやっています。そんなところで神さま・仏さまを利用するほど恐ろしいことはありません。

この村でも、「こんなことをしていたら村が滅ぶ」と、お互いに話し合いました。庄屋さんも、自分の言ったことが、こんなことになると思わなかったのです。そこで、村人は話し合って、「東の観音さまに参るのを自粛《じしゅく》しよう」と、東の観音さまにお参りするのをやめたのです。

今まで参っていた人たちは、東の観音さまに参らなくなって寂しくなったものですから、聞いてくださらないことはわかっているのですが、「西の観音さまに参ろう」と、西の観音さまにお参りしました。

そうすると、西の観音さまが言われたそうです。「珍しいなあ。村の者が参ってくるのはどういうことじゃ」と。「実はかくかくしかじかで」と、村の人が申し上げたら、「うん、そうなるだろうと思っていた。私もみんなの願いを聞いてやりたいけれど、みんなの都合のいいことを聞いてやると、いつかこうなるだろうと思って、私は心を鬼にして聞かなかったのだ」と。

それで、西の観音さまは「みんなは、自分の願いを『聞いてくれ、聞いてくれ』と言うのもいいけれど、まず自分が聞くところから始めたらどうか」と言われました。自分の願いを仏さまや神さまに強要するのでなく、聞くところから始めたらどうかと言われたのです。

「何を聞くのですか」と尋ねると、観音さまはご自身の額《ひたい》を指さして「ここに居られる方の教えを聞いたらいいいと」と言われました。観音さまの額には必ず阿弥陀さまが居られるのです。

観音さまとは、常に阿弥陀さまを額にいただきながら、阿弥陀さまの慈悲のお心を実践している方です。「自分の願いを聞け、聞けと言う前に、阿弥陀さまの話を聞いてみたらどうか」と言われました。みんなも「それはそうだ」ということになり、阿弥陀さまの話を聞くようになって、平和な村に戻ったということです。めでたし、めでたし。というお話です。

私たちは今でも、この村の人と変わらないことをしているのです。自分さえよければいい。そんなことをそのまま聞いてくださる神さま・仏さまが居られれば、それは悪魔だと思います。

四　仏教でいう願いとは

では、仏教でいう願いとは何か。それは「志願《しがん》」です。欲願《よくがん》ではなく志願です。親鸞聖人は、お念仏を称えることによって、「よく衆生の一切の志願を満てたまふ」（『浄土文類《じょうどもんるい》聚鈔《じゅしょう》』）と明かされました。この志願が満たされるのが、仏教のご利益です。

志願とは何か。志願というと、年配の人は、自ら願って兵隊さんになることと思われるかも知れません。仏教の言葉がよくないことに使われた例です。

ほかにも、示談《じだん》は交通事故の交渉の時に使いますが、本当の意味ではありません。示談というのは、お説教を聞いてわからなかったことを質問して、教えを示してもらうのが示談で、「法義《ほうぎ》示談」といいます。

また、談合《だんごう》も悪いイメージがありますが、もともとは「法義談合」です。教えを聞いたもの同士でもう一度、今日の話をどう聞いたかを話し合い、味わうのが談合です。建築業の人や土建屋さんが集まってやるのが談合ではないのです。

仏教の言葉を、悪いこと、おかしな意味で使っていますが、元の意味とはまったく違っています。志願とは、戦争に行くことではなく、「いのち」が本当に志していること、「いのち」が本当に願っているということです。この願いを満たしてくださることが、本当のご利益です。決して、自分の都合のいいことを満たしてくださることを、ご利益というのではありません。

私たちは、「いのち」が何を本当に願っているかがわからなくなっています。どちらかというと欲願の方ばかりです。だから、宗教というとご利益、ご利益とは自分の欲望、自分に都合のいいことを満たしてもらうことになっているのです。

それで、つい「浄土真宗ではご利益を説きません」などと言う人も出てくるわけですが、これは違います。真宗も「この世の利益」を説くのです。真宗で説くご利益は、私たちの「欲」を満足させるものでなく、「志願」を満足させてくださるものです。「いのち」が本当に志しているものを満たしてくださるのが、真宗のご利益です。

ところが私たちは、自分が何を本当に願って、この「いのち」を生きているのかが、よくわかっていないのです。私はこの「いのち」をどうしたいのか、ということがわからなくなっている。そこが問題です。

何でもいいからなるべく苦労しないで、楽をして、うまいもの食べて、遊びに行って、ということになっているのではないでしょうか。

私たちは、若い者には偉そうに言うのです。息子に向かって、「お前いくつになった。二十五歳にもなって、いつまでフラフラしてるのか。そろそろ自分の人生、何をしたいのか、シャンとせい」と、言うのです。

言っている親の方は、自分は本当に何をしたいのかがよくわかっていないのです。何となく長生きして、何となくご馳走を食べて、何となく幸せに。何となく、何となくで、本当に漠然と生きているというのが、私たちではないでしょうか。どう生きればいいのか、わからないまま生きている人が多いと思います。

「いのち」の本当の願い、その願いを満たしてやりたいというのが、仏さまの本願です。みなさんは、いったい何を本当に願っておられますか。「私は、これさえ実現したら、いつ死んでもいい」というようなものがありますか。

結婚もそうです。幸せになろうと思って結婚すると、必ずあとで後悔します。結婚して、幸せになった人はいません。「人生は苦なり」ですから、結婚しようと結婚しまいと、苦しみは付いて回ります。「結婚したら幸せにする」などと、昔の人は言わなかったのです。何と言いましたか。「私と苦労してくれるか」と言いました。「苦労しても、この人と添えたらいい」というのが結婚です。

今は「この人と一緒になったら、得するかな」と、はじめから損得勘定《そんとくかんじょう》で結婚するのです。結婚しようとしまいと、子どもができてもできなくても、人生は苦労です。生きている間は「苦」なのです。

結婚したら苦がなくなり、幸せになりますか。そんなことはありません。それを、結婚式の時に、年配の人が、若い二人に「共白髪になるまでお幸せに」と言っています。自分がそうなっていないのに、そう言っています。

結婚は、「幸せになりたい」というより、「苦労しても、この人と一緒になりたい」というのが本当でしょう。そうすれば「苦労したから別れる」なんて言えないはずです。はじめから願いが違っているから、もろいのです。

昔の人は村田英雄の歌のようでした。「九尺二間の間口でもいい、鍋・釜だけでいい、共に苦労がしてみたい」という、その願いを実現したのが結婚です。

このごろは、「苦労をしたくない。どの人を捕まえたら幸せになれるか」ですから、続かないのです。人生の願いが違ったら、行き着く先も違います。

人間は、この［いのち］そのものは、何を本当に願って生きているのか、願いがわからないままに生きている人が多いのです。願いがはっきりしないと、どっちの方向を向いて、この人生を生きるかが決まりません。

願いというのは、方向性の問題です。願いがはっきりしないということは、人生の方向が定まらないということです。

みんなが行く方向について行けばいいと思って、自分の人生でありながら、みんなのあとについて行くのです。多くの人が右に行くと、右について行き、「左がいい」と言うと、左に行く。「こっちがいい」と言ったらこっちに行くし、その時その時の時代の中で「あっちがいい、こっちがいい。こっちがいい、あっちがいい」と、一生涯、右往左往の人生で終わるのです。

それは、願いがはっきりしてないからです。死ぬまで、そんな人生を歩むあり方が「迷い」です。なぜ、迷うのか。それは、願いがないからです。

そんな私たちの生き方に対して、「志願」、本当に願うべきものは何かを教えてくださっているのが、法蔵菩薩《ほうぞうぼさつ》の物語なのです。

法蔵菩薩の物語は前にもお話しましたので、簡単に復習しておきます。

法蔵菩薩というお方は国王だったと『無量寿経』に書いてあります。国王は世自在王仏《せじざいおうぶつ》という仏さまに出遇って、国王の立場を捨て、国も捨て、何もかも捨てて出家した。その時の名前を法蔵といいます。

なぜ出家したのかというと、私も世自在王仏のような生き方がしたい、と願ったからです。そのためには国王の立場にとどまっていては、実現できないのです。

世自在王仏とはどういう方か。仏さまの名は「体《たい》」を表します。仏さまとは名前通りのお方です。

「世」は世間、世の中。私たちは「世渡りしている」と言いますが、本当に世渡りをしているのでしょうか。世の中に流されているだけではないでしょうか。流されるだけでなく、翻弄《ほんろう》されて、自分を見失って、自分で自分の身を破滅させていく人もたくさんいます。

世を渡ればいいのですが、世に流されています。バブルの時のように、勢いよく世の中が動いている時は遠くに流されて、いまだにおさまりの着かない人がたくさんいます。自分でよく考えてやったつもりでも、気づいたら、流されているのです。

どのような世の中であろうと「自在《じざい》」、自分を見失うことなく、何ものにも縛られず、自分のいただいた「いのち」のありだけを生きる。それが「自在」ということです。

自由自在と言いますが、自由とはどこそこから抜け出して自由。自在というのは、どこに居ても、どういう状態の中でも、何ものにも縛られないあり方です。

世間に縛られ、人の目に縛られ、あれに縛られ、これに縛られ、「義理や、人情や」と言って縛られ、がんじがらめになって、動きが取れなくなっているのが、私たちです。その縛りを離れた状態が「自在」です。

今、居る場所を離れるのではなく、どこにいても何ものからも縛られない。そういう「いのち」のあり方を実現している仏さまが世自在王仏です。「王」とは代表者のような仏さまということです。

国王の生活はどうだったのでしょう。王ですから、世間的に見ると、悪い生活はしていないのです。しかし、結局のところどうだったのでしょうか。

人間というのは自分と同じような人間の中に居ると、自分が見えなくなる。同じような人間の中に居ると「私も人並みだ」と思う。人並みならまだいいけれど、ヘタをすると人よりマシだと思っています。

第三者から見ると、だいたい同じ程度の甲乙つけがたい二人でも、当の二人はお互いに、自分の方が上だと思っています。なぜかというと、私たちは自分には点が甘くて、他人には点が辛《から》いからです。

ですから、当人同士はお互いに「私のほうが、あの人よりは上」と思っています。「私も偉そうなことは言えないが、あれほどひどくない」、「私もつまらんけれど、あの人と比べたらましだ」、「私もそう立派なことは言えないけれど、あの人とは違う」と言ってる間に、いちばん上に行くのです。

そして、「あの人も歳を拾っていても、あかんなあ」、「あの人も偉そうに言うわりにはできてないなあ」、「あの人も、もう一つ」と、みんなを下に見ます。こういう形で、人間は自分を見失っていくのです。

それが、異質な人と出会うと、自分が見えます。今日も飛行機の中で毎日新聞を読みました。田中耕一さんがニューヨークに行って講演と対談をしておられます。「田中さん、以前とだいぶ変わりましたか」、「変わりました」。「どこが」、「こういうところに来ているのが変わりました」と。

それから「今、いちばん願っているのは何ですか」と聞かれたら、「なるべく放っておいてほしい、実験に専念させてほしい」。本当に欲がないというか、何というか。だから「七十、八十になっても研究一筋にやっていきたい」、「私がいちばん気持ちのいいのは作業服を着ている時です」、「背広を着るのが苦痛です」といった言葉を目にすると、私たちとだいぶん毛色が違うようです。

そういう人に出会うと私たちは、人間の幸せとは何かを改めて思うのです。他の人に負けないように、負けないようにと出世競争をして、他の人より立場が上になるためにあくせくして、自らをムチ打ち、ストレスを溜め込んでいます。

田中さんは、会社組織の中でもマイペースで、自分の研究をしていました。立場上は主任だったそうです。同級生の多くは課長職になっていますから、普通なら焦ります。私たちの場合、立場が下になると、自分の人生が敗北したように思って、自らを一生懸命に励まし、また周りからも尻を叩かれながら、疲れはてます。田中さんは全然違っています。着実に自分の好きなことをやって、気づいたら、自分では想像もつかない上位に位置づけられていました。

田中さんのことを知って、「急ぎ足の人生と、遅くても着実に歩む人生と、どっちが本当かなあ」と考えます。ちょっと毛色の違う人を見ると「私の人生、これでよかったのか」と、自分の人生を見つめ直します。だから、異質な人に会うことはとても大事なことです。

また、私たちは、みんなに「いい人だ」と言われたいために、言いたいことも言わないで、いい顔をして、縮こまって生きています。言いたいことを言ったら、「あんな奴か」と言われる。言いたいことを抑えながら、したいこともあるのに、一生懸命自分を抑えながら生きています。着たい服があっても、「こんな派手な服を着たら、周りの人からどう言われるか」と、何から何まで、ものすごく気を使って生きています。

田中さんは周りから「変わり者」と言われています。私たちは変わり者と言われたくないために、一生懸命「いい子」になって生きているわけです。田中さんは「変わり者」と言われても、平気でやるべきことをやっていたのです。

そして、気づいてみたら世界のトップに立っていました。人より出世して、みんなから「いい子」だと思ってもらうのと、自分のやれることをやれれば、「変わり者」と言われてもいいという人生。「どちらの人生が本当かな」と、自分を見つめ直すことが大切です。

私がいちばん田中さんが「変わり者」と思ったのは、二日に一度、缶ビール一本でいいと言っていたことで、あれは「変わってるなあ」と思いました。（笑い）

法蔵と名を変えた王様も、世俗の真ん中に生きていたのです。権力争いの中に居て、叛《そむ》かれたらいけないし、命令を聞かない者が出てきたら困るから、常に自我を周りの人に押しつけ、自我を主張しながら生きてきたのです。私たちの人生は、ヘタをすると、喜びも悲しみも「我」で終わっています。我が通るとうれしい、我が通らないと悲しい。我を通すのが人生になっています。

家の中でもそうです。「嫁が偉そうに言った」、「お婆ちゃんが偉そうに言った」というのは、自分の［我］に反するから、そう言うのです。私たちは死ぬまで［我］を通すことで明け暮れます。

その上、自分の欲望を満たそうとします。だから、欲が叶えられたと喜び、欲を叶えられないと悲しい。私たちは欲を満たすために、この世に生まれてきたのでしょうか。そんな自分のあり方に気づくと「やっぱり世自在王仏のような生き方が本当だ」ということになったのです。

［いのち］が本当に願うべきは、［我］を通すことでもなく、欲を満たすことでもなく、それぞれがいただいた［いのち］を本当に生き切って、同じ時代を生きる人と、お互いに照らし合っていくのが、本当の［いのち］のあり方です。仏教の言葉で言うと「利他《りた》」です。他の人の幸せに貢献できたら、これがいちばん幸せなのです。

［いのち］が本当に願っているのは、自分の［いのち］が何ものにも縛られず生きることであり、またその［いのち］を生きることにおいて、他の人を幸せにできるというあり方です。こんな幸せはないのです。その願いを満たしてもらった時に、「ご利益をいただいた」と言うのです。

だから、仏教のご利益は、自分の都合のいいことが実現するという話ではなく、いただいたわが「いのち」を、本当に生ききって、他の人のお役に立っていくところにあるのです。それがいちばん幸せな「いのち」のあり方です。

五　往生という「いのち」の歩み

その願いが満たされていく道筋が「往生」です。前に往生という話をしましたが、もう一度話しておきましょう。

私たちの「いのち」がどうして自在にならないのか。それは、いろいろなものにがんじがらめに縛られているからです。世間体に縛られ、他の人の目に縛られ、迷信・俗信に縛られています。

本当は、お釈迦さまのように何もかも捨ててしまえばいいのです。しかし、私たちは捨てきれません。捨てられない私たちが、その縛りを出ていくのです。どうしたら出れるか、という問題を明らかにするのが、仏教です。

いろいろなものに縛られているのが私たちですが、最終的に私を縛るのは「我執《がしゅう》」です。これが、私を縛っているのです。「わしが」という自我執着です。だから、本当に自在を得るということは、この［我］の縛りを超えていくということです。そこに、本当のご利益の世界があるのです。自我執着、これを仏教では「我執」といいます。いつでも自分が良くて、他の人が違うという思いです。

私たちは自分の心に執着をするから、「わしが、わしが」になって、わが心に縛られているのです。そういう縛りを出ることがなかったら、本当の世界には往けません。そういう縛りを脱した時、「ご利益をいただいた」と言うのです。

私たちは、常に自分は正しいというわが心に縛られています。この心を仏教で「自力《じりき》心《しん》」というのです。この縛りを出ることが大事です。そのことを「出離《しゅつり》」といいます。それが「たすかる」ということです。

出るということはそのまま、より広い世界に「往く」ということです。小さな小さなとらわれの中に生きてきた私が、より広い世界に往くのです。離れるということは、広い世界に生まれるということです。すなわち往生です。だから、「ご利益」と「往生」は同じことです。

ところが私たちの場合、この心の縛りを抜けても、また次の縛りがあるのです。それは、身の縛りです。身の制約を受けています。みなさんも、遠くにいる孫が病気した。飛んで行きたいけれど、飛んで行けません。身体があるからです。これが身の制約であり、身の束縛ということです。

私たちは心に縛られ、身に縛られているのです。この、身の縛りも出ていかなければならない。心の縛りを出ていくままが「往」です。身の縛りを離れて「生」が実現するのです。それが「往生」です。

「身命終」により、身の縛りから解放されて本当の自在になるのです。すなわち成仏《じょうぶつ》です。

私たちは世間体や迷信・俗信、いろいろなものに縛られていますが、私を最後まで縛るのは、私自身です。私の心と、わが身が、私の「いのち」を制約しているのです。それを出て、はじめて自在が実現するのです。

利益とは、自在を実現することです。往生という「いのち」の歩みが、利益なのです。自分さえよければいいというのではおかしい。みんなに生かされているのですから、みんながよくならなければ、自分もよくなることはないのです。

「往生のみち」のはじまりが「即得往生」であり、その極まりが「難思議往生」です。死ぬことを往生だと思っている人がいますが、往生とは、仏になる「いのち」の歩みです。

身の制約は生きている間に超えることはできません。身が終わらないと本当の自在は実現しませんから、成仏は「臨終一念の夕べ」と、親鸞聖人は『教行証文類』に記されています。

臨終において、すべての縛りを超えて仏に成るのです。『歎異抄』第二章の中に「身命《しんみよう》をかへりみずして」とありますが、「身命終」、この身体が終わらないと、成仏はないのです。

心の縛りを解かれるのは「心命終」の時です。すなわち、心の「いのち」が終わる時です。だから、「いのち」を心命と身命の二つに分けてあるのです。便宜上分けてあるのです。この往生の歩みがそのまま、ご利益をいただいていく相（すがた）なのです。また「たすかる」というのが、そのままご利益をいただいている相なのです。

心命終と同時に往生の生活が始まります。それが即得往生です。「往生即成仏」というのは、「往生のみち」が即「成仏のみち」ということです。

即得往生は、間違いなく仏に成る身ということです。「正定聚」になるのです。だから、正定聚の身になることが、この世のご利益なのです。間違いなく仏に成る身になるのが、この世でいただくご利益です。

そして、身命終によって身体の制約を超えると、もう仏さまです。「滅度《めつど》」ともいいます。滅度というのは煩悩を滅して、完全にさとりの世界に渡りきることで、成仏と同じです。その「往生のみち」の極まりを「難思議往生」といいます。「心命終」によって、この世での利益をいただくのです。この世でいただく利益ですから「現益《げんやく》」（現世利益《げんせりやく》）といいます。

この身が終わった当来《とうらい》に必ずいただく利益を「当益《とうやく》」といいます。浄土真宗は現・当、二世のご利益を説く二益法門《にやくほうもん》です。

「心命終」はご信心によって実現するのです。如来さまの間違いのないお心に出遇って「我」の執《と》われを超えるのです。ご信心をいただくことによって、間違いなく仏になる身にさせていただく。これが、この世の利益です。

私のお寺で、毎年六月の末に二日間「布教大会」を開いています。今年は福岡の若い先生が五人来て、お話をしてくださいました。その布教大会に「お話を聞きに来て」と、門徒のお婆さんに言いましたら、「ご院家さん、足が痛くて参れません。足さえ良くなったら参らせてもらうのですが」と言いました。

足が痛くない時には年中「忙しい、忙しい、田んぼがある、あれがある」と言って参らなかったお婆さんが、今度は「足が悪いから参れない」と、自分の身体まで悪者にして断るわけです。

そして「この足さえ、ちゃんとしてくれたら」と、自分の足を叩《たた》くから、「そんな難儀な足なら、お婆ちゃん、切って捨てたらどうや」と言いました。「そんなわけにいきません」。「そんなわけにいかないのなら、そうやって足を叩いてグチをこぼさん方がいいよ」と言いました。

足が痛くなった責任者は誰か、誰が使って痛くなったのか。他の人に貸している間に足を痛めたというなら、人を責めることもできるのでしょうが、自分が使って痛んだのだから、「情けないと言って叩かないで、『これまで、あんたには苦労かけたなあ、あんたばかりに苦労かけて、悪かったなあ』と、撫《な》ぜて礼を言うのが本当でないか」と言いました。「腰が痛い、情けない」と言ってないで、「これまで使わせてもらって、あんたがこんなに痛むまで使って悪かったなあ」と言わなければいけない。

「この腰が、この手が上がらない」と言うなら、いっそのこと焼いてしまったらいいのです。焼いたら痛いと言わなくていいのです。でも、とても焼けません。なぜかというと、人間はどれだけ口で言っても、この身体がある限り、この身体を捨てることもできませんし、身体の制約を超えることもできません。親鸞聖人が「この世では仏に成れない」と言われたのは、この身の制約を超えられないからです。「なんにもせずに、死んだら仏に成れるのなら、死を待っていたらいい」ということになりますが、仏教はそういう教えではない。この身のある間に、一時も早く、間違いなく仏に成る身になっておかなければ、永遠に仏になることはないのです。

身体のある・なしは問題でないのです。ご信心によって正定聚の位につき、間違いなく仏に成る身にしていただく、正定聚のご利益をいただくことが何より大切です。間違いのない、大きな、温かいお慈悲に照らされて、私たちは「わしが、わしが」の［我］を出るのです。［我］を出ていくそのままが「心命終」です。

けれども、やっぱり身体を持っていますから、グチも出るし、いろいろな煩悩が出ますが、身命終と同時に間違いなく仏に成るのです。これが本当のご利益です。間違いなく仏に成る身となり、身命終と同時に間違いなく滅度に至るのです。

六　第十一願のこころ

今から、ご利益について明かしてくださるご文を味わっていきます。まず、『無量寿経』の第十一願のご文です。親鸞聖人はこの第十一願に立って、ご利益を明らかにしてくださったのです。

たとひわれ仏《ぶつ》を得《え》たらんに、国《くに》のうちの人《にん》・天《でん》、定聚《じょうじゅ》に住《じゅう》し、かならず滅度《めつど》に至《いた》らずは、正覚《しょうがく》を取《と》らじ。

（『註釈版聖典』三〇七〜三〇八頁）

如来さまは私たちを「〈定聚〉に入れてやりたい」と言われるのです。定聚というのは丁寧に言うと「正定聚《しょうじょうじゅ》」です。そして、さらに「正定聚に住するが故に、必ず滅度に至らせてやりたい」と言われるのです。これが阿弥陀さまに遇うことによって与えられるご利益です。

浄土真宗のご利益は、第十一願に明かされているのです。これが基本です。そのことを味わわれたのが、次のご文です。

煩悩成就《ぼんのうじょうじゅ》の凡夫《ぼんぶ》、生死罪濁《しょうじざいじょく》の群萌《ぐんもう》、往相回向《おうそうえこう》の心行《しんぎょう》を獲《う》れば、即《そく》のときに大乗正《だいじょうしょう》定聚《じょうじゅ》の数《かず》に入《い》るなり。正定聚《しょうじょうじゅ》に住《じゅう》するがゆゑに、かならず滅度《めつど》に至《いた》る。

（『註釈版聖典』三〇七頁）

これは『教行証文類』「証巻」の親鸞聖人のお言葉です。『煩悩成就の凡夫」とは、私たちのことです。「生死罪濁の群萌」、これも私たちです。迷い続けている私たちのあり方です。迷い続けながら罪で汚れている。そういう群萌、私たちのことです。

「往相回向の心行」とは、『南無阿弥陀仏』の六字、お念仏のことです。如来さまが、私たちをお浄土に生まれさせてやりたいと回向してくださった「行」が、お念仏です。『南無阿弥陀仏』の六字をいただくことがご信心です。ご信心をいただくと即時に往生が定まるのです。すなわち即得往生です。そのことを「即のときに大乗正定聚の数に入る」と言われるのです。

大乗というのは、利他ということを第一に考える教えです。利他を忘れて、自分のすくいだけを問題にするのが、小乗です。「大乗正定聚の数に入る」とは、正定聚に入るということです。正定聚に入るから、必ず滅度に至るのだと教えてくださるのです。

「行巻」に、このような言葉があります。

仏願力《ぶつがんりき》によるがゆゑに正定聚《しょうじょうじゅ》に住《じゅう》せん。正定聚《しょうじょうじゅ》に住《じゅう》せるがゆゑにかならず滅度《めつど》に至《いた》らん。もろもろの回伏《えぶく》の難《なん》なし。

（『註釈版聖典』一九三頁）

仏の願力によって諸々の難儀なものから抜け出すのです。浄土真宗では、この世でいただくご利益を「正定聚」といい、当来のご利益は「仏に成る」、すなわち滅度というのです。この世と当来の二つのご利益をいただくのです。だから、真宗を「二益法門」というのです。二益というのは現・当二世のご利益をいただく法門ということです。

これを一つだけ言うと「一益法門」です。死んでからお浄土に参るということだけを喜こんでいるのは「一益法門《いちやくほうもん》」です。こういうのを「異安心《いあんじん》」と言ってきたのです。また、この世だけの利益を説くのも異安心です。

お念仏によって、この世と当来にかけて、現当二世のご利益をいただくのです。私たちは久遠《くおん》の過去から、ずっと迷ってきたのです。迷い続けてきた私が、この身をいただいたこの機会に、迷いを脱して、さとりの「いのち」に大転換させていただくのです。

仏教で、人間に生まれたのは「いのち」の大転換をさせていただくためだというのです。

この身をいただいている時に仏法を聞いて、〔いのち〕の流れを大転換をするという教えが、仏教です。仏教は〔いのち〕そのものの大転換を説くのです。

蓮如上人も『御文章』で二益の教えであることを明らかにしてくださいます。

> 問《と》うていはく、正定《しょうじょう》と滅度《めつど》とは一益《いちやく》とこころうべきか、また二益《にやく》とこころうべきや。
>
> 答《こた》へていはく、一念発起《いちねんぼっき》のかたは正定聚《しょうじょうじゅ》なり、これは穢土《えど》の益《やく》なり。つぎに滅度《めつど》は浄土《じょうど》にて得《う》べき益《やく》にてあるなりとこころうべきなり。されば二益《にやく》なりとおもふべきものなり。
>
> （『註釈版聖典』一〇八九頁）

「一念発起」の一念というのは、一心のことでご信心です。親鸞聖人はご信心のことを一念とか一心と言われます。ご信心をいただいた時に正定聚に入るのです。これは穢土のことですから、この世のご利益です。

次の「滅度」は浄土のご利益です。だから浄土真宗は二益法門です。死んでからだけを説くのは、浄土真宗ではないのです。また「この世さえよかったら、もう死んだあとはどうでもいい」ということでもありません。浄土真宗は二益法門です。

七　正定聚の人の日暮らし

では、正定聚というけれど、その中身は何か。ただ死んだら仏に成るというだけで、この世では何も変わらないというのでは有り難くない。間違いなく仏に成るということは現実の身の上に、こんなことが現れてくるのですよという、その中身を『教行証文類』の「信巻末」に九つに分けて説かれ、また『正信偈』では、五つの利益として説いてあります。『教行証文類』「信巻末」の言葉です。

金剛《こんごう》の真心《しんしん》を獲得《ぎゃくとく》すれば、横《おう》に五趣八難《ごしゅはちなん》の道《どう》を超《こ》え、かならず現生《げんしょう》に十種《じっしゅ》の益《やく》を獲《う》。なにものか十とする。一つには冥衆護持《みょうしゅごじ》の益《やく》、二つには至徳具足《しとくぐそく》の益《やく》、三つには転《てん》悪成善《あくじょうぜん》の益《やく》、四つには諸仏護念《しょぶつごねん》の益《やく》、五つには諸仏称讃《しょぶつしょうさん》の益《やく》、六つには心光常護《しんこうじょうご》の益《やく》、七つには心多歓喜《しんたかんぎ》の益《やく》、八つには知恩報徳《ちおんほうとく》の益《やく》、九つには常行大悲《じょうぎょうだいひ》の益《やく》、十には正定聚《しょうじょうじゅ》に入《い》るの益《やく》なり。

（『註釈版聖典』二五一頁）

「金剛の真心を獲得する」というのは、如来さまの間違いのないお心をいただくということで、「ご信心」のことです。「五趣」というのは、地獄・餓鬼・畜生・人間・天人という五つの迷いの世界のことです。

また、仏法を聞く者には八つの難があります。それが「八難」です。その中の一つが「世知弁聡《せちべんそう》の難」です。「世知弁聡」とは世渡り上手のことです。世渡り上手はなかなか仏法が聞けないのです。それを「難」というのです。

なぜかというと、世渡り上手は本当の意味で問題にぶつからないのです。上手にすり抜けるからです。問題に本当にぶつかって、悩んだり苦しんだりすることが、仏法に遇うチャンスなのです。それを上手に上手にすり抜けてしまうから、一生をなんとなく終わってしまうのです。

それ以外もありますが、そこには差別的な表現や問題も含まれています。耳や目の不自由な人のことが出てきます。今は、耳が不自由でも、手話でご法話を聞くことができます。また、目の不自由な方も点字でお経が読めます。

現在、いちばん問題になるのは「世知弁聡」、世渡り上手です。逆に言うと、生きるのが下手な人の方が真実に早く遇うケースが多いのです。なぜかというと、いろいろな問題にぶつかるからです。ぶつかると、嫌でも悩んだり苦しんだりするからです。

ご信心の人は、そういう五趣・八難を一瞬に超えて、十のご利益をいただくのです。十と言いますが、十番目は入正定聚で総益です。一から九までが正定聚の人の生き方、中身なのです。

『正信偈』にも正定聚の中身が書いてあると言いましたが、そこには五つの利益があげられています。

(一)よく一念喜愛《いちねんきあい》の心《しん》を発《ほっ》すれば、煩悩《ぼんのう》を断《だん》ぜずして涅槃《ねはん》を得《う》るなり。

(二)凡聖《ぼんしょう》・逆謗《ぎゃくほう》斉《ひと》しく回入《えにゅう》すれば、衆水海《しゅすいうみ》に入《い》りて一味《いちみ》なるがごとし。

(三)摂取《せっしゅ》の心光《しんこう》、つねに照護《しょうご》したまふ。すでによく無明《むみょう》の闇《あん》を破《は》すといへども、貪《とん》愛《ない》・瞋憎《しんぞう》の雲霧《うんむ》、つねに真実信心《しんじつしんじん》の天《てん》に覆《おお》へり。たとへば日光《にっこう》の雲霧《うんむ》に覆《おお》はるれども、雲霧《うんむ》の下《した》あきらかにして闇《やみ》なきがごとし。

(四)信《しん》を獲《え》て見《み》て敬《うやま》ひ大《おお》きに慶喜《きょうき》すれば、すなはち横《おう》に五悪趣《ごあくしゅ》を超截《ちょうぜつ》す。

(五)一切善悪《いっさいぜんあく》の凡夫人《ぼんぶにん》、如来《にょらい》の弘誓願《ぐぜいがん》を聞信《もんしん》すれば、仏《ぶつ》、広大勝解《こうだいしょうげ》のひととのたまえり。この人《ひと》を分陀利華《ふんだりけ》と名《な》づく。

(『註釈版聖典』二〇三～二〇四頁)

「一念喜愛の心を発すれば」とは、ご信心の世界が開けたらということです。一念とは信心のことです。ご信心をいただいたらどうなるか。まず「煩悩を断ぜずして涅槃を得るなり」です。煩悩を断たなくても、涅槃を得ることができる。これが一つ目のご利益です。

二つ目のご利益は「凡聖・逆謗斉しく回入すれば、衆水海に入りて一味なるがごとし」、どんな人も、仏さまの世界に入れば何の差別も区別もないのです。そういう「いのち」の世界に生まれさせていただく身になるというのが二番目です。

三つ目の利益は「摂取の心光、つねに……」とありますがこれは、常に如来のみ光の中で生きる身となるというご利益です。

そして四つ目の利益「信を獲て見て敬ひ大きに慶喜すれば」とは、ご信心をいただいたら「すなはち横に五悪趣を超截す」、この五悪趣（地獄・餓鬼・畜生・人間・天人）を超截するというのが四番目のご利益です。

最後は「一切善悪の……」とありますが、これが五番目です。すべての人はご信心をいただくと、仏さまから「広大勝解の者」と讃えられるのです。すなわち、お釈迦さまが「本当にものがよく見えた人だ。この人は白蓮華のような人であるから、分陀利華と名付けられる」と言われたのです。

分陀利華という言葉は、「分陀利」までがインドの言葉で、「華」が漢字です。分陀利とは白蓮華です。だから、本当は「華」はいらないのです。

『正信偈』にもこのように、この世のご利益を五つあげて、お釈迦さまが阿弥陀さまのみ法を勧められたと、讃嘆されているのです。

八　真実五願

これから『教行証文類』の「現生十種の益」を中心にお話させていただきます。その前にもう一度、ご本願の上から浄土真宗の教えがどうなっているかを味わい、その中で、第十一願がどういう位置にあるかを確認しておきましょう。

第十一願で誓われるご利益は真仏《しんぶつ》・真土《しんど》より与えられるのです。浄土真宗の出発点は、真仏・真土、本当の仏さまと本当の世界、お浄土です。そのことが誓ってあるのが十二願と十三願です。十二・十三願によって阿弥陀さまとはどういう方か、お浄土とはどういう世界かが明かされているのです。

十二願は光明無量の願です。真実の仏は、光きわみない仏さまであり、真実の世界は光きわみなき土（世界）であることを誓ってくださった願です。また、十三願は寿命無量の願です。だから、真実の仏さまとは「光といのち　きわみなき」お方であり、真実のお浄土とは「光といのち　きわみなき」世界です。

そのお浄土から、仏さまはどんな形で私たちにはたらきかけてくださるかというと、『南無阿弥陀仏』の名号となってはたらきかけてくださるのです。その『南無阿弥陀仏』の名号を誓ってあるのが第十七願です。その名号をいただいて、そのよび声を聞き開かせてもらうのがご信心です。その信心を誓ってあるのが第十八願です。

ある程度、浄土真宗のみ教えの概略がわかっていると、「ああ、今日はあの辺の話をしてもらっているんだ」とわかります。概略がわからないと、どこを聞いているのかわからないから、聞く話がバラバラでまとまらない。聞けば聞くほど混乱する人がいます。同じ話を聞いても、違う話を聞いているように思うこともあるのです。

次にその、ご信心をいただいたらどうなるか。これが証《しょう》、証《あかし》であり、ご利益です。そのことを誓ってあるのが十一願。浄土真宗の教えからいうと、四十八の願があるけれども、真実の願いは五つです。

その五つを真実五願といいます。四十八の願の中で、この五つが基本なのです。そして、十一の願で誓われたご利益の中には、この世のご利益と当来のご利益、すなわち現益と当益の二つがあります。

さらにご利益には、自分の幸せを求める自利のご利益と同時に、利他のご利益があるのです。みんなの人の幸せを願うのが利他のご利益です。

自利のご利益は仏になることです。第十一願には「定聚に住するが故に、必ず滅度に至る」と誓われています。滅度とは仏になることです。仏とは、自利・利他円満した方です。私が仏になることは、みんなを幸せにするということです。

仏教のご利益は、自分だけでなく、自分と同時にみんなが幸せになるご利益です。私一人がすくわれたらいいという仏教はないのです。もっと言うと、みんながすくわれて、初めて私もすくわれるという教えです。子どもが苦しんで泣いているのに、親が酒を飲んで「幸せや」と言っていたらおかしい。

実は自利のご利益の中身を誓った願が、三十三の願と三十四の願です。どんな内容かというと、三十三願は「触光柔軟《そっこうにゅうなん》の願《がん》」といって、教えに遇う者は身も心も柔らかくなることを誓ってくださった願です。現生十益でいうと「心光常護の益」にあたります。また、三十四願は「聞名《もんみょう》得忍《とくにん》の願」といって、名を聞く一つで得忍、さとりを開くことができると誓った願です。

それから、利他のご利益の中身を明かすのが二十二願で、「還相回向《げんそうえこう》の願」といいます。根本は十一・十二・十三・十七・十八の五つの願です。そこへ、三十三・三十四・二十二の三つの願が加わりますが、この三つは第十一願の中身を明かしてくださった願です。

さらに言うと、「真仏真土」に対して、「化仏化土《けぶつけど》」、化身土《けしんど》を明かしてくださるのが「化身土巻」ですが、これは十九願・二十願によって明らかにしてくださいます。

これが『教行証文類』に引用された願で、全部で十願です。これ以外の願は『教行証文類』には引用されないのです。特にはじめに述べた五願（十一・十二・十三・十七・十八）は「真実五願」といいます。四十八の願がありますが、浄土真宗の教えの基本はこの五つの願によっているのです。

この五つの願を補う意味で三十三・三十四・二十二の三つの願があります。そして、化仏化土を誓ったのが十九・二十願です。これが『教行証文類』に引用された願の全部です。

このことを頭に入れながら話を聞いていただくと、この中のどこかに当てはまるわけです。これ以外のことを浄土真宗では話さないのです。浄土真宗の教えは、人によって説き方が違っても、だいたいこの線に沿って説かれています。そのどこかの部分を強調されているのです。

いちばん強調されるのは第十八願です。これが最も大切です。これが私たちのすくいの因になるからです。「信心正因《しんじんしょういん》」、私たちがすくわれるいちばん大事な信心を誓ってくださったのが第十八願だからです。

第十七願は「名号」を誓ってくださる願です。間違いなく私を仏にしてくださるはたらきが『南無阿弥陀仏』の名号です。

だから、私たちのすくいということでいちばん大事なのは十七願・十八願です。『教行証文類』では「行巻」・「信巻」です。十一願の中身を明らかにしてくださるのが「証巻」です。そして、十二・十三願を明らかにしてくださるのは「真仏土巻」です。十九・二十願をふまえて明らかにしてくださったのが「化身土巻」です。「教巻」だけは願文が標記されていません。

「教巻」、「行巻」、「信巻」、「証巻」、「真仏土巻」が『教行証文類』の文字通り「顕真実」の巻なのです。今から、第十一願の中身を話します。

九　現生十益

まず、現益である「正定聚に住する」という中身は「現生十益」として明かされています。その一番目から七番目が自利のご利益。八・九が利他のご利益を顕わします。「一には冥衆護持の益」から「七には心多歓喜の益」までが自利のご利益。あとの「八には知恩報徳の益」、「九には常行大悲の益」は利他のご利益です。

まず自利のご利益です。もちろんそれは、お念仏から出てくるご利益です。先ほど『南無阿弥陀仏』の名号の「はたらき」に、「往相」のはたらきと、「還相」のはたらきがあることを話しました。往相回向、還相回向は、お念仏のはたらきです。

親鸞聖人は「回向は、本願の名号をもつて十方の衆生にあたへたまふ御のりなり」（『一念多念証文』）と教えてくださいます。ご本願に誓われた名号には、私をお浄土へ向けてくださるはたらきと、この世の方に目を向けてくださるはたらきの二つがあるのです。

名号を、この身にいただいたのが、ご信心です。ご信心とは浄土の大菩《だいぼ》提心《だいしん》だと、親鸞聖人は明らかにしてくださいます。

「菩提心」の菩提とは、真実とかさとりということです。だから、菩提心とは真実を求める心、さとりを求める心です。この心が私の中から出てきたのではなく、お浄土から、仏さまから与えられるのです。

お浄土も阿弥陀さまも、同じはたらきです。「身土不二《しんどふに》」といって、阿弥陀さまと浄土は同じはたらきですから、阿弥陀さまよりいただいた菩提心を、浄土の大菩提心というのです。「大」は仏さまからいただいたものを表します。

私たちの内面から、さとりを求める心は出てきません。私たちが求めるのは、お金を求める心か、異性を求める心です。人間は何かを求めなかったら生きられない生きものです。私たちは実現不可能なものばかり求めています。だから、必ず最後は悲しみ嘆くことになるのです。

何が実現不可能かというと、いつまでも若くありたいというのは実現不可能です。いつまでも若くありたいと、一生懸命苦労します。けれども老います。いつまでも若くあるということは不可能です。

また、いつまでも元気でいたいと、身体にいいというものを飲んで、身体に気をつけていても、それも実現不可能です。いつか病魔に冒されます。病気をしたくない人はコロッと死なないといけないことになります。

また、いつまでも生きていたい、これも実現不可能です。実現不可能なことを一生懸命求めながら、それらが思い通りにならなくて「情けない、情けない」と、グチと共に死んでいくのです。求めるものが違っているのです。

本当に求めなければいけないのは、死を超えて生きる道、不死の道、生死《しょうじ》を超える道を求めなければいけないのです。それが仏教です。

ところが、私たちは求めきれないものを求めながら、悲しみ嘆いて生きている。本当に求めなければならないのは、この生と死を超える道です。この道を明らかにしてくださるのがお釈迦さまの教えです。

生死を超える道、死ぬことのない「いのち」を生きる道を、求めなければいけないのです。不死の道を求めるのが仏教です。『仏教聖典』に、「人間は何かを求めないと生きられないけれど、実現しないものを求めるのでなく、「いのち」の本当の道を求めるべきである」と書いてあります。

「いのち」の本当の道とは何かというと、死んで終わる「いのち」でなく、どこどこまでも生きていく「いのち」の道です。この身すら最後は脱ぎ捨てて、さらに生きていく道です。

人間は大きくなろうと思ったら、古いものを脱ぎ捨てていかなければ大きくなれないのです。蛇でも、大きくなろうと思ったら古い殻《から》を脱《ぬ》いでいきます。そのままだと大きくなりません。私たちも、この［我］という小さな執われを脱ぎ捨てて、大きな［いのち］になるのです。最後はこの身体も脱ぎ捨てて、仏さまという大きな［いのち］になっていくのです。

本当のことを言うと、死んだらこの身体はもう、どうなってもいいのです。ところが、あとに残る者にとっては、そうはいかないから大事にするのです。

親鸞聖人は、ご自分の死後の身体を「もし、こんな身体でよかったら、賀茂川の魚にやってください」と言われました。けれども、あとの者はそうはいかないから大事に葬《とむら》ったのです。

仏教には、「遺体を大事にしなさい」とか「骨を大事にしなさい」という感覚はないのです。これは人間の情です。情として、粗末にはできないのです。

親鸞聖人が非常に尊敬していた方に、賀古《かこ》の教信《きょうしん》という人がいます。この人の場合、亡骸《なきがら》は放ったらかしでした。それを犬が食いちぎっていくのを奥さんと子どもが泣きながら見ていたというのです。

どうしてかというと、遺体はこの世の「いのち」を生ききった残りかすですから、犬が食べてもいいという考え方です。しかし、私たちはなかなかそこまで情を断ちきれません。日本人の感覚から言って、自分の夫の死体を犬が食べているのを見ていられませんが、死体とは「いのち」の抜け殻ですから、理屈から言うとそれでいいのです。

どちらにしろ菩提心とは、死なない「さとりのいのち」を求める心です。お浄土まで生ききっていく人生です。菩提心の中身は仏になろうと願う心です。「願作仏心《がんさぶつしん》」です。「作仏」というのは成仏と同じです。成仏を願う心です。今までは、成仏など私の人生に関係ないと思っていた私たちに、仏になろうという心が芽生えてくるのです。

そして、二つには「度《ど》衆生心《しゅじょうしん》」です。自分一人がすくわれるのでなく、みんなを、衆生を、さとりの世界に渡そうという心です。そんな心が芽生えてくるのが、信心であり、信心のご利益なのです。

現益とは「入正定聚」、正定聚の位に入るということです。間違いなく仏になる仲間入りをした人の日暮らしを明らかにするのが、第一の冥衆護持の益から第七の心多歓喜の益で、自利のご利益です。

そして、第八の知恩報徳の益と常行大悲の益が、利他のご利益です。

十　冥衆護持の益

まず、「冥衆護持の益」についてお話しましょう。「仏になろう」、「お浄土に参ろう」という人の日々が、冥衆護持の日暮らしです。これが一番目です。

冥衆というのは目に見えないものです。目に見えないものに護《まも》られるというご利益です。目に見えないものに護られる、あまりうれしくないみたいですが、大事なことなのです。なぜかというと、私たちは目に見えないものに惑わされて、右往左往しています。

その、私たちを惑わすはずのものが、私の「いのち」を護る側に回ってくださるのです。目に見えないものとは何か。私たちは何を気にして、毎日生きているのでしょうか。世間体とか、人の目とか、人の言葉とか、人の顔色とか、そんなことばかり気にしながら、したいこともできず、言いたいことも言えずに生きているのではないでしょうか。

あの人がどんな目で見るか、どの人がどう思うかということに気をとられ、言わなければと思うけれど、こんなことを言うと相手はどんな反応をするかと思ったら、言えなくなってしまう。

たくさんの人の前で「何か質問がありませんか」と言われても、なかなか質問できません。聞きたいことがあるのに、なんで質問できないのか。つまらない質問をして、「あの人も大したことないなあ」と思われたらいけない、黙っていたらわからないからというのは、世間体があるからではないですか。

周りの人の目を気にすると、質問したいことも尋ねられないのです。質問したために、「もっと賢い人だと思っていたけれど、あの程度の人か」と思われてはいけない、黙っているのが賢いとなるからです。誰かが、私の口を押さえているのではないのです。結局、自分で自分の口を押さえる。自分で自分を縛っているのです。

「なんまんだぶ、なんまんだぶ」と、念仏を称えたらいいのです。念仏は、誰がどんな目で見ようが、他の人に迷惑をかけないことなら、「二度とない人生、精いっぱいやったらいいよ」、「人が笑っても、人がどう言っても、私がちゃんと支えているよ」と、わが「いのち」によびかけてくださる阿弥陀さまの声なのです。

阿弥陀如来の確かな声が聞こえたら、つまらない縛りから抜け出せるのです。阿弥陀如来の声が聞こえないから、いざとなったら身動きできなくなるのです。

昨日、私のお寺で話してくださった若いお坊さんが、何かあったら、日がいいやら悪いやら、そういうことばっかり気にしている同行を、「日めくり同行《どうぎょう》」というのだと教えてくれました。日めくりに大安《たいあん》とか仏滅《ぶつめつ》と書いてありますが、何ごとにつけ日めくりを見て、いいか、悪いかと常に気にする人がいます。そんな日めくりばっかり気にして生きている同行を「日めくり同行」というそうです。

そんな人は本当は念仏の同行ではありません。ほかにも、方角を気にしたり、干支《えと》を気にしたり、手相・人相・印相・墓相、いろいろ言います。また、「何かの霊《れい》が憑《つ》いた」と言う人もいる。「祟《たた》った」と言う人もいる。言うことがなくなったら「死んだお婆ちゃんが迷っている」とまで言います。自分が迷っているのです。いろんなものを気にして、それらに縛られています。

また、過去のことに執われて、いつまでもグジグジと、「あれさえなければ、あのことさえなければ」と言いながら、日を送っている人もいます。なければと言ってもあったのですから、それを前向きに受けとめて、前進しないといけない。

親鸞聖人は流罪《るざい》になりました。決してうれしいことではなかったでしょう。せっかく法然上人という素晴らしい人に遇って、これから法然上人のもとで真実を学べると、喜んでおられたのです。それが、たった六年で別れなければならなかったのですから、腹立たしかったでしょう。「主上《しゅじょう》臣下《しんか》、法《ほう》に背《そむ》き義《ぎ》に違《い》し、忿《いか》りを成《な》し怨《うら》みを結《むす》ぶ」（『教行証文類』後序）。上は天皇から、下は天皇に仕える貴族・役人まで、みんなおかしいと言わずにいられなかったのです。

今なら天皇を批判しても、「何てことを言うのか」と怒る人はいるでしょうが、それで罪になることはありません。けれども戦前なら、誰かが怒ったでは済まなかったでしょう。親鸞聖人の時代にも天皇を批判するのには勇気がいったと思います。いや、死を覚悟する必要があったかも知れません。それでも、おかしいことはおかしいと堂々と書き記されたのです。

しかし、それ以来終生、三十五歳から亡くなられるまで、親鸞聖人は「あの時、天皇がおかしかったから流罪になった。情けない、情けない」と言いながら生きられたのではないのです。

流罪になった時、どう言われたか。「これなほ師教《しきょう》の恩致《おんち》なり」（『御伝鈔《ごでんしょう》』）と言われたのです。何も好んで新潟の国府に行かれたわけではないのですが、このことがあったから、生涯遇えるはずのない越後の人に遇えたと言われ、これも法然上人のご恩だと喜ばれたのです。

また、それが縁で恵信尼《えしんに》さまとも結ばれたのでしょう。このことがなかったら、一生の伴侶となってくださった素晴らしい女性とも、生涯遇えなかったかもしれないのです。

親鸞聖人はいけないことはいけないとはっきりした上で、いつまでも「あれさえなければ、あれさえなければ」と、死ぬまでグチっていくことはなかったのです。「流罪さえなければ、もう少し法然上人と一緒に居れた。京都に居れた」と、そんなことを、いつまでも言って生きられたのではありません。

親鸞聖人は、与えられた新しい場を、前向きに受けとめられたのです。前向きに受けとる心、これがなかったら、人生は無惨なものになります。

さらに、親鸞聖人は、流罪がなかったら「海」を知らずに一生を終わられたかも知れません。海を知らなかったら、親鸞聖人の教えの三分の一はなくなります。親鸞聖人の書かれたものの中には「海」が多く出てきます。親鸞聖人のご法義で「海」は大きなウエイトを占めているのです。

親鸞聖人は、如来さまのお心を「本願海《ほんがんかい》」と喜ばれました。私たちのあり方を「煩悩《ぼんのう》海《かい》」と味わわれました。海を眺めながら、教えを実感として受けとめていかれたのです。

すべてのものを受け入れてくれる海、「ああ、そうだ。仏さまの世界はそういう世界だなあ」と受けとめられたのです。その海がいったん荒れると手がつけられない。「ああ、あれがわが姿」と受けとられたのです。

海に出遇ったことによって、親鸞聖人の教えはものすごく広がり、深まったのです。だから、流罪も「これなほ師教の恩致なり」となるわけです。

私たちの場合、いつまでたっても過去のことにこだわって「あれさえなければ」とか、「あんなことを言わなかったら」、「こんな人に会わなかったら」と、死ぬまで言い続けるようなことになります。

この人と一緒になったのなら、この人と、前を向いて生きていかなければ、自分だけでなく相手もダメにしてしまいます。「これなほ師教の恩致なり」と前向きに受けとめていくところに、本当の人生があるのです。

「これなほ親のご恩なり」、「親がいいことを言ってくれた」と、前を向いて生きていくところに、本当の人生があるのです。私たちは過去に執われて、人生が前進しなくなることがあります。悲しいことです。

そうかと思ったら、未来のこと、先のことばっかり心配して「今はこうして何とか元気にやっていられるからいいが、これから先、寝込んでしまって、あの憎たらしい嫁に、下《しも》の世話までしてもらうのかと思うとゾッとする。できることならコロッと死にますように」と言う人もいます。

鹿児島別院で「ハートフル大学」という勉強会があります。これは、毎月講師の先生が変わります。私も八月に寄せてもらうつもりです。私は三回目ですが毎月、講師のお話を書いた新聞を別院が送ってくれるのです。

今月は、早川一光先生のお話が載っていました。その話が面白いのです。一面に話の内容を要約してあるのですが、「お医者さんとお坊さん」という話でした。

だいたい、歳をとって目が悪くなり、ものが見えにくくなるのはいいことだと言われるのです。お年寄りがあまり見えすぎると嫌われるだけで、ちょうどいい具合にものが見えなくなっていると言われるのです。「見えない」と、あまりぐずぐず言わなくていい、それでちょうどいいと言われるのです。

耳が遠くなるのもちょうどいい。年寄りがあまりよく聞こえたら、腹が立つことが多い。聞こえないから、聞かなくてもいいことを聞かなくて済むそうです。

歯が弱るのもちょうどいい。歳をとると、歯茎《はぐき》で嚙《か》めるくらいのものを食べるのが、胃や腸にはちょうどいいそうです。胃や腸がだんだん弱ってきているのに、歯でガッガッと嚙むようなカタイものを食べると、胃や腸が「堪忍して」と言うそうです。

何のために入れ歯を入れるのかというと、腹が立つのをキュッと歯を嚙みしめてこらえるための入れ歯だと言われるのです。物を食べている時に、固い物を嚙んだら、物を食べるたびに胃がギブアップするそうです。ですから、人間はいいようになっているという話です。

それで、最後は寝込むのがいい。寝込むと、ぐずぐず言ったけれど、やっぱり嫁に頭を下げなくてはならないようになるのです。それでちょうどいい。

また、若い人にも、歳をとるとは、こうなるのだと教えられるから、ちょうどいいと言われるのです。最後はどうしても人の世話にならなければならないのです。そこで感謝の心も湧いてくるから、それでちょうどいいというお話でした。

また、「どんなことがあっても若いものの世話にならない」などと絶対言ってはいけないと。それこそ、入れ歯を食いしばって辛抱しようと思っていても、どうしても出てしまう時には、「若いもんの世話……」と言うところで一呼吸を入れて、「若いもんの世話……になります」と言いなさい！（笑い）という話です。人間は、最後にはどうしても若い者の世話になるのです。何も恥ずかしいことではない。みな、順送りですから。

ところが、私たちは「あんな嫁の世話になるか」という思いがあると、寝込んだりできませんから、「なるべくコロッと死にますように」と、余計な心配をしなければならなくなるのです。

「それもこれも、みんな私が引き受けるから大丈夫だよ。他の人がどんな目で見ようが、どんなことを言おうが、日が良かろうが悪かろうが、過去に何があろうが、未来に何が待っていようが、あなたは一人ではないよ。いつでも私があなたを支えているよ」というよび声が、『南無阿弥陀仏』です。

もっと言えば、「私があなたを支えているのだから、つまらないことに気をとられずに、いただいた「いのち」をコツコツでいいから、一緒に歩いていこう」とよびかけてくださる声が、『南無阿弥陀仏』です。

「何でもよいから、他の人の上に立ってやろう」などという、さもしい競争にこだわることなく、遅くてもいい、コツコツとマイペースで、亀さんのように歩いていったらいいのです。「あの人がどう、この人がどう」と、他の人と比べるのでなく、私のいただいた人生を本当に大切に、着実に歩いていったらいいのです。

速いのが幸せですか。列車も速いのが幸せですか。たまには、ゆっくりした電車に乗ってみるといいですね。私が住んでいる広島県に呉線というのがあります。私はこの呉線に乗るのが楽しみです。目の前に瀬戸内海が見えるのです。

新幹線だと速いし、すぐにトンネルに入りますから、携帯電話もできません。ちょっと連絡が入って、プルルルと鳴って「もしもし」と言ったら、トンネルに入ってパッと切れる。列車も時には、ゆっくりしたのがいいです。

速いだけが人生ではないのです。最近「スローライフ」という言葉を耳にするようになりました。いろんなことに気をとられて右往左往していた私が、「なんまんだぶ、なんまんだぶ」と、仏さまと共に、いただいた「いのち」を、一歩一歩大切に生きる。

立派なことも、人より優れたこともできなくとも、「私は私の「いのち」を、念仏申しながら、精いっぱい生きていこう」というのが、浄土真宗です。

「私色の花を咲かそう」と言う人がいますが、そういう人生が念仏の歩みです。そんな着実な人生を歩んでいる人を「冥衆護《みょうしゅご》持《じ》」、すなわち目に見えないものまでが「偉い人間が出てきたなあ。立派な人間が出てきたなあ」と、護ってくださるのです。

『歎異抄』でいうと「念仏者は無碍《むげ》の一道《いちどう》なり」（第七章）ということです。「そのいはれいかんとならば、信心の行者には天神《てんじん》・地祇《ちぎ》も敬伏《きょうぶく》し、魔界《まかい》・外道《げどう》も障碍《しょうげ》することなし」という人生を賜るのが、「冥衆護持の益」です。これが仏さまに成っていく人の「いのち」の歩みです。

本当の「いのち」の歩みとは、「あなたはあなたのままでいいから、あなたの人生を着実に生きたらいい」という阿弥陀如来の声に励まされ、護られて生きることです。それを、悪いことがあったら、日のせい（所為）にしてみたり、何かのせいにします。また、四という数字のせいにする人までいます。

いろんなことに惑わされず、いただいた「いのち」を、精いっぱい生きる人生を賜るのが、「冥衆護持の益」です。これが一番目です。

私たちが仏に成るということは、迷信・俗信に惑わされない人生、本当に前を向いて生きてゆくということです。それが「人がどうだ、何がどうだ」と、死ぬまで人の顔色を見ながら生きるようでは、あまりに無惨です。

私が最近読んだ本でいちばん感動したのは、『生きる者の記録』（毎日新聞社）という本です。佐藤健さんという毎日新聞の記者の闘病記ですが、亡くなった時、傍《そば》で奥さんが拍手したというのです。佐藤健さんは一生懸命自分の人生を生きたのでしょう。

佐藤さんはほかの人から見ると困った亭主だったと思います。「帰宅拒否症」という病気ですから。登校拒否症でなく帰宅拒否症、家に帰ってこないのですから。それで帰ってきたと思ったら、家庭内ホームレスと言って、段ボールの代わりに蒲団の中に入って出てこないという生活です。

それでも奥さんは、本当に仕事一筋に生きた佐藤さんの姿に拍手したのです。佐藤さんは死ぬまで原稿を書いていました。自分の死ぬところまで報告したのです。

世間的にどうであろうと、本当に私が私の「いのち」を生きるという姿を、佐藤さんは、奥さんをはじめ周りの人に教えて、一生を終わっていったのです。

それを、死に方にまで気を使っていたら、まともに死ねません。「死ぬな」と言われても死ぬのです。いろんなものに気をとられて生きるのではなく、私の「いのち」を私が精いっぱい生きる人生が実現する。それが「冥衆護持の益」です。

十一　至徳具足の益

次に「至徳具足《しとくぐそく》の益《やく》」です。「冥衆護持の益」は外からの問題ですが、「至徳具足の益」

は内面の問題です。私たちのことを「煩悩具足の凡夫」といいますが、「至徳具足の益」は、その真反対です。同じ具足でも真反対です。至徳とは、結論を言うと『南無阿弥陀仏』です。「至徳具足の益」とは、「なんまんだぶつ」をいただいての日暮らしということです。

「徳」というのは、私をさとりの世界（涅槃）に近づけるものを徳というのです。「至」とは、至上ということです。「至徳」とは最高の徳のことで、親鸞聖人はそれをお念仏だと言われました。念仏とは、私が仏さまになる人生を開いてくださるものです。

煩悩具足の凡夫とは私たちのことです。煩悩に引っ張られて、「地獄は一定すみかぞかし」（『歎異抄』第二章）と、地獄に行くしかない私が、至徳具足の日暮らしをさせていただくというのです。すなわち、お浄土に向かっての人生を歩ませてもらうのです。

私たちにとって、煩悩そのものも問題ですが、いちばんの問題は、煩悩に執着することです。私たちは煩悩に執われて、煩悩に縛られるのです。人間は執着したものに取っ捕まるのです。

お金は大事ですが、お金にあんまり執着すると結局、お金を使うのでなく、お金に使われる人生になってしまいます。お金は大事ですから粗末にしてはいけませんが、あまりお金にこだわると、お金に捕まえられ、お金に引っ張られていく人生になるのです。

ある県のK市に二カ月に一度、お話に行っています。もう十年を越えました。年六回ですから六十回くらい続けてお話に行っています。このごろ、お顔を見なくなった人がいます。私が法話で、

人間の幸せは物だけでない。『無量寿経』にも〈有田憂田〉（田があれば田に悩み）と書いてあります。だいたい物を持って、それを減らさないよう、それをなくさないように、それを取られないようにと、そんなことで苦しんでいる人がいます。なくても〈無田亦憂〉（田がなければ田をほしいと悩み）で苦しみますが、あっても苦しみます。だから、単に物を持ったから幸せ、お金があったら幸せということではないと思います。


目を覚ますことが本当の幸せです。みんなに生かされて、こんなにいろいろなものをいただいているんだなあと受け取れることが幸せなのです。

私たちはものを見ているようだけど、いただいているものは見えていません。ないものばかり追いかけて「ない、ない」と苦しんでいます。よく見てみると、たくさん

持っているのです。持っているものを当たり前として、新しいものを欲しがるのが私たちです。

人間は、今ここにある「いのち」に目覚め、また、私の「いのち」を生かしてくださるみんなの「いのち」に目覚めることが一番の幸せです。物が幸せではない。

というようなお話をしましたら、その人が反発して「お金で苦しんだものにとっては、お金があるのが一番の幸せです」と言われます。それで「貧乏した人かなあ」と思って、あとで住職さんに聞いたら、K市で十指に入る財産家だそうです。（笑い）

五十歳を過ぎているのに就職したこともないのです。では、何でお金に苦しんだかというと、親がたくさん財産を残した。その遺産相続の争いで苦しんだそうです。

今も仕事はしない。結婚もしないのです。嫁をもらうと取られるからと言うそうです。もちろん子どももいない。一人ぼっちです。兄弟親戚と遺産争いをしましたから、兄弟親戚は寄りつかない。

それでも「お金を持っているから幸せだ」というのです。私が「そうじゃない」ということを、話すたびにするものですから、とうとう来なくなってしまいました。この人はものすごくお金に執着して、お金の番人で一生終わってしまうのでしょう。

どういう生活をしてるのかと聞くと、近くのコンビニで物を買って食べているのです。大金持ちで、財産や土地を持っていても、その人のことを気の毒に思いました。それでも本人はお金がいちばん大事だと、そう思い込んでいるのです。老いた時にどうするのか、周りの人はみんな心配しているそうです。

人間は握ったものに、逆に取っ捕まるのです。みなさんもたくさん物を持って、その物の重さに引きずられていませんか。握った物には重量があるから、下に落ちるばかりです。持った物に引っ張られて落ちていくのです。

「あれも、これも」と、煩悩すら握って離さないから、私たちは落ちていくのです。煩悩に執着して、煩悩に束縛されて落ちていく先が地獄です。

私のこの身は、誰の命令で動いているのでしょうか。私たちの身は、煩悩の命令で動いています。知らぬ間に、私のこの身を動かす司令長官は、煩悩になっています。煩悩が私の身を動かす司令長官です。

みなさんも、ほかの人が腹を立てたら、「もうその辺でやめておいたら」と言うでしょう。でも、自分の腹立ちは否定できません。「こんなことで腹を立ててはいけない」と、自分で自分の腹立ちの心を切ればいいのですが、切れません。

私たちは他人が腹を立てると「やめておけ、やめておけ」と言いますが、自分が腹を立てた時はどうですか。「あんなことを言われて、腹を立てない方がおかしい」、「腹が立つのが人間」、「腹が立って当然」、「腹が立たないのは馬鹿」と言って、腹立ちの気持ちにズルズルと引っ張られるのです。それが、腹立ちが主人になっている姿であり、司令長官になっているということです。

この腹立ちの煩悩に執着する心を切ることができたらいいのですが、なかなか自分では切れません。「ああ、こんなことではいけない」と切れない。切れないから、気づかないうちに煩悩に引きずられているのです。それを切ってくださるのが、至徳であるお念仏です。そのことを具体的にお話しします。

人間が二人いると時にはぶつかります。私の「我」と、まったく同じ人はいません。お互いに「我」が出るとぶつかります。

新婚の当初は多少「我」を押さえているのでしょう。このごろは、「できちゃった婚」が結婚の六割から七割方あるそうです。だから、新婚でも好き勝手なことを言うそうです。

昔は新婚当初は抑えていました。それが、四十年、五十年も連れ沿うと遠慮がなくなるから、お婆ちゃんとお爺ちゃんは、よく喧嘩しています。「我」がまともにぶつかります。どれだけ親しい者でも、時にはぶつかるのです。

誰と誰がぶつかってもいいのですが、この世で仲の悪いものの代表は、嫁と姑です。先日、ある人から「先生、このごろは嫁と姑が一緒に住んでいる家はありませんよ」と言われて、「ああそうか、譬《たと》え話がしにくくなったなあ」と思いました。それでも、まったくなくなったわけではないし、嫁・姑の問題は、離れて住んでいても永遠のテーマです。

それで、嫁と姑で話します。嫁と姑はなぜぶつかるのか。歳が違うから、考え方が違うから等、違いでぶつかるのではないのです。いつも「自分が正しい」と固執するからぶつかるのです。お婆ちゃんはお婆ちゃんで「自分が正しい」、嫁は嫁で「自分が正しい」と固執するからぶつかるのです。

本当は正しいこともあり、間違っていることもあるのです。「この場合はお婆ちゃんが正しい」、「この場合は嫁が正しい」と、冷静に話し合って、「それなら今日は嫁の言うようにしよう」、「今日はお婆ちゃんの言うことを」と言えばいいのですが、人間そんなに冷静に話し合えません。

人間は一つ気に入らなくなると全部気に入らなくなるから、喧嘩をするのです。喧嘩しても最後までとことんやったら、いい結果が出るかもしれません。「なるほど、やっぱり私の方が違っていたなあ」、「この場合はお母さん、私が違っていました」と、お互いに納得するまで、とことんやればいいのかもしれませんが、そんなに冷静に喧嘩はできません。

また、喧嘩している最中に近所の人が来たり、電話がかかってきて中断するのが普通です。一度中断したら、元に戻って喧嘩を再開するようなことはありません。

だいたい人間はみんな役者です。知らない間にすごい演技をしています。頭のてっぺんから「きぃーっ」と声を出していても、電話がかかってきた途端にまったく変わって、「ああ、もしもし、主人が何かと……」（笑い）というようなことを無意識のうちに上手にやります。

今まで主人と喧嘩していても、受話器を取った途端に「主人がいつもお世話になっております。はい、ありがとうございます」と。よくあんな上手に切り替えられるなあと思うほど上手です。だから、受話器を置いて「さっきの続き」というわけにはいかない。それで、お互いに何となくうやむやで終わり、胸のうちにしこりが残るのです。

その、しこりが大きくなると命取りになるのです。家庭を壊す、離婚のもとにもなります。こういうしこりがあると、うまいものを食べてもうまくない。面白い話を聞いても面白くない。多くの人の中にいてもみんなの中に溶け込めなくなります。

私もお話に行った先で「この人は何かあったんだろうな」と思う人が時々います。冗談を言うと、みんながワーッと笑うのに、一人だけむずかしい顔をしている。何かあるのです。その場の雰囲気に溶け込めない。みんなが笑うと余計むずかしい顔をする。胸のうちに何かしこりがあるのです。

また、みんなが笑うから、みんなに合わせて笑っても、ものすごく不自然なのです。「は、ははは」と、(笑い)急に笑いが止まってしまう。そうなると、だんだん自分がやりきれなくなる。何を食べてもおいしくない。何を聞いても面白くない。

そうなったら、胸のうちを誰かに聞いてもらうしかありません。親しい人に聞いてもらいに行きます。出足は決まっています。「あなたにだけ話すのですから、他の人には言わないでね」と、まず口止めから始めます。どれほど重大な発表があるのかと思ったら「嫁がああ言った、こう言った」という話です。

聞いた人は、適当に聞き流してあげればいいのです。それを、私たちは聞き流しません。その場は適当に合わせます。「ああ、そう……そうだわね」と、逆らって喧嘩することはありません。「それは、あなたの言う通り、よくわかる、よくわかる」と。そして、最後はお上手まで言います。「それにしても、あなた、よく辛抱したね。うちの嫁がそんなことを言ったら、ただで置かないけれど、よく辛抱してるね。やっぱりふだんから教えを聞いているだけあって違う」と。（笑い）

そう言ってもらうと、話した人の胸のうちのしこりが消えます。そして、話を聞いてくれた人を「いい人だ」と言うのです。私たちは自分に都合のよい人が、いい人です。ところが、話を聞いた人が、聞いた話を聞き流すことはありません。ちゃんと覚えていて、また他の人に話す。他の人の知らない情報を自分一人で持っているのは惜しい。（笑い）話を聞いた人は自分の親しい人に、「内緒よ」と話す。「あそこの嫁と姑が喧嘩した。どこの家も外から見ているとうまくいってるようでも、中に入ると一緒ね」、「ほんと、ほんと」と言う。そして、それを聞いた人が、また、よそへ行って話す。

そうこうしている間に、もとの人のところに話が戻ってきます。話が戻ってくると、はじめに話した人に腹を立てます。「内緒だと、あれだけ言っておいたのに、何もかも他人に喋《しゃべ》っている。もう、あんな人に、ものは言えない」。これを聞いた人はまた「あの人が喋るから、私が怒られた」と、腹を立てる。

次々とそんなふうに怒りの輪が広がっていきます。すなわち「連続無窮にして、とどまることなし」ということになるのです。こんなふうに私たちは、煩悩を正当化しながら、ズルズルと煩悩に引きずられるのです。

自分だけでなく、他の人まで道連れにしながら、煩悩の泥沼に落ちていくのです。「私が腹が立つのは当たり前でしょう」と、自分の煩悩に固執して、隣近所の人に言って歩いて、事を大きくしていくのです。

この煩悩に固執するあり方が、切れないといけない。自分の煩悩を正当化しないで、煩悩が出てくるたびに、「私がおかしい。私はつまらない煩悩に執われている」と気づかないといけない。「ああ、こんなことで腹を立てて、私はおかしい。私が違っている」と、煩悩に固執する心が切れないと、私たちのあり方は変わりません。

どうしたら煩悩に固執する心が切れるのか。念仏したら切れるのです。どうして念仏をすると切れるのか。念仏は「智慧《ちえ》」だからです。お念仏は私を見せてくださる正しい智慧です。親鸞聖人は「正智《しょうち》」と言われます。「円融至徳《えんゆうしとく》の嘉号《かごう》は悪《あく》を転《てん》じて徳《とく》を成《な》す正智《しょうち》」(『教行証文類』総序)です。

正しい智慧とは、自身が見えるということです。智慧がないと自身が見えない。だから、どれだけものを知っていても自分が見えてない人は、智慧のある人とは言わないのです。また、わが「いのち」を生かしてくださる大きな「いのち」、大きな大きなお慈悲、如来さまが見えるのが正しい智慧です。自身と如来さまの二つが見えるのが正しい智慧です。私たちは煩悩でカーッとなっている時に見えているのは、相手だけです。相手を睨《にら》んでいるだけで、自分の方は見えなくなっている。だいたい、自分は間違いないと思うから、隣近所まで話して歩くのです。自分が恥ずかしいと思えば、他の人に話すことなどできません。

腹が立ってやりきれない時には、念仏するのです。「なんまんだぶつ、なんまんだぶつ」と。念仏していると自分が見えてくるのです。私たちは腹が立ってカーッとなると、前後を考えないでパッとやるから、取り返しのつかないことになる。ワンテンポ置いたらいい。時間を置くと、考え直すこともできます。お念仏をして「なんまんだぶ、なんまんだぶ」と、ワンテンポ置くと、自身も見えてくるのです。

私たちの場合、腹を立てている時は、「嫁がつまらん、嫁がつまらん」と、相手を責めるだけです。そんな思いのまま「なんまんだぶ、なんまんだぶ、嫁つまらん、嫁つまらん」でもいいから、お念仏するのです。

自分で自分の思いは変えられませんが、お念仏が自身を見せてくださることによって変わるのです。「嫁つまらん、なんまんだぶ」と、お念仏しようが、どんな思いで念仏をしようが、念仏する中に「嫁もつまらんけれど、わしもつまらんなあ」と、自身が見えてくるのです。自身が見えてくるまで、念仏したらいいのです。

私たちはなかなか自分の振り上げたこぶしが下ろせない。二十歳の大学生と十歳の小学生が、道の真ん中で、顔色を変えて大喧嘩をしたら、どちらが笑われますか。三十歳の嫁と六十歳の姑が、顔色を変えて喧嘩したら、どちらが笑われますか。姑でしょう。倍も生きているのに、つまらん嫁と喧嘩をしているのです。つまった嫁と喧嘩するのだったらわかりますが、倍も生きて、つまらん相手と喧嘩をしているのです。

倍も生きて、つまらん嫁と喧嘩するのは力が接近しているからです。力に大きな差があれば喧嘩になりません。喧嘩するのは嫁とちょぼちょぼということで、恥ずかしいことです。人間というのはカーッとなったら、そんなことさえ見えなくなるのです。

「なんまんだぶ、なんまんだぶ、嫁つまらん、嫁つまらん」と念仏する中に、「嫁もつまらんけれど、わしもつまってないなあ」と、自身が見えてきたら、腹を立てるのが当たり前と言えなくなります。

お念仏すると、いつの間にやら「恥ずかしいなあ、歳はとっても、いつまでも若いつもりで、若いものに対抗心を出している。なんと、私はつまらんな」と、自身の姿が見えてきます。そうすると「腹が立つ」が、いつの間にやら「お恥ずかしい」となる。「お恥ずかしい」となったら、腹を立てるのが当たり前とは言えなくなります。

そして、こんなお恥ずかしい私を、今も見捨てずによんでくださる方がいることが、お念仏申す中で明らかになるのです。「私がいるよ。いつでも私がいるよ」とよんでくださる如来さまの声が、お念仏申す中で聞こえると、「なんともったいないことよ」と、自分の心が転じられるのです。

自身と、わが「いのち」を生かしてくださる如来さまが明らかになると、自分ではどうにもならない「我」の心が、自ずから転じられる。念仏は私の上で、正しい智慧となってくださるのです。

お嫁さんも「なんまんだぶ、なんまんだぶ」と称《とな》えればいいのです。「姑がいつまでも元気で困ったもんだ。もうそろそろ、逝ってもらっていいがなあ」という気持ちしか出てこなかったら、その気持ちのままで、お念仏すればいいのです。

「いい子になって念仏しなさい」と言うのではありません。そういう気持ちしか起こらないのなら、その気持ちのままで念仏をしなさいと言うのです。こんなことを考えてはいけない、ああ思ったらいけないと思えば思うほど、人間は余計に腹が立ってきます。

ですから、「いい子になれ」と言うのではありません。腹が立つなら腹の立つまま、念仏すればいいのです。「年寄りがいつまでも元気で困る。そろそろ逝ってもらっても。なんまんだぶつ、なんまんだぶつ」と念仏しても、念仏する中に自分が見えてきます。「私という人間は恐ろしいなあ。腹を立てると、同じ屋根の下に住んでいる主人の母親すら邪魔者にし、この世から追い出しにかかる。なんと恐ろしい私。まさに鬼がここにいるなあ」と、自分の姿が見えてくるのです。

そんな私が、今、阿弥陀如来のよび声の中に居るのです。腹を立てながら念仏して、その念仏の中で自身に遇ったら、「ああ、違った、違った。そうでなかった、そうでなかった」と、人生の向きが変わるのです。煩悩具足・地獄一定の私が、お念仏の中で自身を知らされ、如来さまに遇って、お浄土への人生に転じられるのです。

念仏に出遇うと優等生になるということではありません。どこまで行っても優等生にはなれない、思うようにならないと腹を立て、グチもこぼす。そんな私が煩悩を縁として、そのつど、そのつど、念仏によって方向転換をしてもらって生きていくのです。それが浄土を願うものの生き方なのです。これが二つ目のご利益、「至徳具足の益」です。これは内面の問題です。

人間は腹が立つと何か言わずにいられないことがあります。妙好人と讃えられる浅原才市さんは「腹の立つときゃ　ぶつぶつ申せ　ぶつもぶつぶつ南無阿弥陀仏」とうたっています。

どうしても腹におさめておけない時、独り言を言っている人がいます。いろいろ溜まっているのでしょう。電車の中でブツブツ独り言を言う人がいます。イラク戦争があった時、電車の中で「ブッシュはつまらん」と大声で言った人がいました。突然ですから、みんなギョッとしました。

言いたいことがあっても家に聞いてくれる人がいないのでしょう。人間は、言いたいことを抑えられると、腹にいろいろなものが溜まって精神的におかしくなります。どうしても何か言わずにいられない時は、念仏をしたらいいのです。

腹が立つなら、腹が立つままでいい。言わずにいられないなら、言わずにいられないことを、ブツブツこぼしながら念仏をしたらいい。どんな気持ちで念仏しても、お念仏がこの身をいい方に向けてくださるのです。それがお念仏の［はたらき］です。

それを、私は「腹も立てない、グチもこぼさない」と言ったら嘘になります。そんな人はいません。自分が自分でどうしようもない難儀な私です。難儀なままで念仏したら、念仏が、私の生きる方向を転換してくださるのです。

如来さまが私の生きる方向を変えてくださるのです。だから、煩悩具足の凡夫が至徳具足の身になるのです。

十二　転悪成善の益

三番目は「転悪成善の益」です。悪を転じて善と成すご利益です。これもなかなかむずかしいことです。

人間はいっぺん悪いことをすると、なかなかそこから抜け出せないのです。刑務所でも、初めて入った人の半分は、また戻ってくるといいます。二回入って来た人は六割から七割くらい戻って来るそうです。

本人が悪い、本人の意志が弱いという面もありますが、真面目になろうと思っても、なかなかそうなりきれないのです。なぜかというと「あれは前科一犯」と言われたり、悪い人間と指差されると、立ち直りたくても立ち直れなくなってしまうのです。

ですから、人間は一回悪いことをすると、その一回で済んだらいいのですが、ズルズルと悪を重ねて立ち直れなくなるそうです。それは、悪い人間というレッテルを貼られるからです。「あれは恐ろしい奴だ」ということになると、周りのその人を見る目が変わります。みんなの視線が変わる。そんな中でやりきれなくなり、そのような目に負けて、また悪いことをする人が多いのです。

嘘でもそうです。一回嘘をつくと、続けて嘘をつかないといけなくなります。「前のあれは嘘でない」という嘘を、つかないといけなくなる。「私はいつも本当のことを言っている」と、嘘をつかないといけなくなります。嘘をかばうために嘘をつくことになります。そうなるとズルズルと、嘘で行ってしまいます。

冷たい目で見られると人間はなかなか立ち直れない。人間はどういう目の中で生きるかによって人生が変わります。温かい目に包まれて生きたら、人間は立ち直れます。冷たい目で見られていると、立ち直りたいと思っても、立ち直れなくなってしまう。それが人間です。

「主体性がいちばん肝心」などと言っていても、人間は主体性より、ほとんどが周りに影響されて生きているのです。どんな目の中で生きるかが、生きる上で大きい要素になるのです。

お念仏するということは、仏さまの目をいただき、仏さまの温かい眼《まなこ》の中で生きるということです。「誰がどんな目で見ようと、誰がどんなことを言おうと、お前を捨てることのない私がいます」、「あなたは私の一人子」という温かな目で見てくださる仏さまを思い、その仏さまの目の中で私たちは生きるのです。

そうでないと、私たちは一回悪いことをしたら、その悪がズルズル続くのです。どうして悪を善に転じるのがむずかしいのかというと、周りの人の「目」が問題なのです。

人間というのは冷たい目、意地の悪い目の方が気になる。意地の悪い目の中に居ると、自分も意地が悪くなるそうです。昔から言います。「鬼婆!」と言われた人は、だいたい鬼婆に育てられたといいます。「こんな姑にやられるか!」と思っているうちに、自分がそうなっている。気づいた時には、みんな、そのようになっています。

念仏するということは、仏さまの温かい眼をいただきながら、その眼の中で生きていくのです。誰がどんな目で見ようが、私のことを本当に心配し、本当に思ってくださる如来さまの目があります。

だから、一回失敗したからといって、世間が冷たい目で見ても、そんなものに負けない生き方ができるのです。いつも、仏さまの眼が、私に注がれているのです。

古い話ですが、札幌のタクシーの運転手さんの投書が、ある新聞に載っていました。昔、乗車拒否とか、行き先を言っても返事をしないとか、タクシーの運転手さんの評判が悪い時がありました。

そんな時に札幌のタクシーの運転手さんが、「確かにそんな運転手がいるかも知れないが、みんながそうじゃない。だから、そんな偏見で見ないでほしい」と、投書したわけです。「実は私が今、こうしてタクシーの運転手をしているのも、網走のタクシーの運転手さんのおかげです」と。

気が弱くて、会社でいじめにあって、いつも辛抱していた投書の人は、抑えきれなくなって爆発し、カッとなって人を刺してしまったのです。同じようなことを三回くり返し、とうとう網走刑務所に入ったのです。

一回目の出所の時は、親が迎えに来てくれました。二回目の出所の時は、親しい友達が迎えに来てくれました。ところが、三回目の出所の時は、誰も来てくれなかったそうです。

そういう寂しい状態で網走刑務所を出ることになりました。

もともと、根はおとなしい人ですから、刑務所にいる時は、いつも模範囚でした。ただ、社会に出た時にいじめに遭うものですから、溜めるだけ溜めてカーッとなって人を刺してしまう。

三回目の出所の時、刑務官が「あなたの生活態度を見ていると、三回も人を刺した人に見えない。本当に真面目で、陰日向《かげひなた》もないのに。あなたは、これ以上、刑務所に入ることをくり返したら、もう永久に刑務所に居ることになって、一生がダメになる。これを最後にしないといけない」、「今、表を見たら誰も迎えに来てないようだけど、短気を起こしたらいかんよ」などと、懇々と門のところで言ってくれたのです。そして「こんなもんで笑われるかも知れんが、わしの気持ちや」と言って、タバコを一箱くれたそうです。

そうして網走刑務所を出た。刑務所の中では作業や仕事をして、多少はお金をもらっています。刑務所は駅から離れたところにありますから、タクシーに乗りました。

タクシーに乗って、優しい刑務官に言ってもらった言葉を思い出し、「本当だなあ、もう二度と来ないようにしよう」と思った。さて、どこに行けばいいか、行き先がないのです。家に帰っても嫌われます。

それで、とりあえず駅まで行って、そこで考えようと思って、タクシーに乗りました。刑務所が見えなくなって、タバコを吸おうと思い、運転手さんにマッチを借り、久しぶりにタバコを吸ったら、むせたのです。むせた時に、いちばん隠しておきたいことをつぶやいてしまいました。

隠しておきたいのは「刑務所出」だということです。今までも刑務所出だということを知られると、いっぺんに周りの人の態度が変わって、冷たい目に遭ってきました。それなのに、タバコにむせた時、つい、捨て台詞のように「タバコまでがムショ帰りを馬鹿にしやがる」と言ってしまったのです。

「しまった」と思っても間に合いません。ふっと前を見ると、運転手の背中が何かキュッと動いたような気がしました。「いやな奴を乗せたと思っているに違いない」と、勝手にそう思いました。

駅に着いてタクシーを降りる時、なるべく顔を見られないように下を向いて、メーターをちょっと覗《のぞ》いて、お釣りをもらったら顔を見られるので、「釣りはいらん」と、急いで降りようとしました。すると、「お客さん」と言われて、ハッと振り向いたら、運転手さんがニコッと笑って「お客さん、頑張ってくださいよ。十円のお金でも大事にしないといかん。お釣りを持っていきなさい」と言うのです。

「いやな奴を乗せたと思っているに違いない」と思ったタクシーの運転手さんがニコッと笑顔で励ましてくれた、そのことがどれほどうれしかったことか。

それからもつらいことがいっぱいありました。つらいことがあるたびに、その時のタクシーの運転手さんの顔を思い出したというのです。世間の多くの人が、冷たい顔で「ムショ帰りや」、「前科何犯」と言う。それなのに、自分がムショ帰りの人間と知っていて、「頑張れ！」と、ニコッと微笑んでくれた人がいた。

それからも何回も犯罪を犯しそうになったけれど、その時の運転手さんの笑顔が、そのつどブレーキになり、最後の支えとなったそうです。前科三犯になると、仕事を続けたいと思っても続けられないことが出てきます。いろんな職を転々としていましたが、やっと落ち着いたのが、タクシーの運転手だったのです。

「私も立派なことはできないけれど、せめて乗ってくださったお客さんに、温かい顔で、温かい言葉をかけようと思って、今日も街《まち》を流しています。そんな気持ちでタクシーに乗っている者もいます」と。そして「確かに乗車拒否をしたり、ものを言わない運転手もいるとは思いますが、運転手がみんなそうだという見方はしないでほしい」という投書です。

その運転手さんのすくいは、網走のタクシーの運転手さんの笑顔でした。負けそうになる時がたびたびあったけれど、それを留めてくれたのが、網走のタクシー運転手さんの笑顔です。

私たちはお念仏をして、仏さまの顔を思い出したらいいのです。「なんまんだぶ、なんまんだぶ」、誰がどんな目で見ようと、誰がどんな言葉をかけようと、如来さまだけは知っていてくださる、わかっていてくださる。この仏さまの温かい眼がある。その中を生きていくのです。

私たちはなかなか、自分で自分の人生の方向転換ができません。お念仏が、それを転じてくださるのです。

人間というのは一度や二度、みんな失敗をします。けれども、失敗をして、冷たい目に負けて、ズルズルと流されるのではなく、お念仏をしながら、立ち直っていく。そういう人生が、お念仏の人生です。

これが「転悪成善の益」です。

十三　諸仏称讃の益

もう一つ、『正信偈』に示されるご利益を味わってみましょう。『教行証文類』の「信巻末」では「四には諸仏護念《しょぶつごねん》の益《やく》。五には諸仏称讃《しょぶつしょうさん》の益《やく》」とあります。この「諸仏称讃の益」は『正信偈』に、「仏、広大勝解《こうだいしょうげ》のひととのたまへり。この人を分陀利華《ふんだりけ》と名づく」と讃えておられます。

まず「諸仏」とは、いったい誰かということですが、私たちは、諸仏をお経の中だけでとらえていますが、作家の吉川英治さんが「われ以外みな、わが師なり」と言われました。仏教の立場から言うと「われ以外みな、わが諸仏なり」と言えると思います。

自分の都合のいいこと、この「我」を撫でてくれるというか、「あなたの言う通り。それでいい」と、私のわがままをそのまま認めてくれる人がいたら、それは魔物です。私のわがままを「よし、よし、その通り」というのは、自分が嫌われたら損だから、「あとで泣くのは本人、誉《ほ》めてやれば喜んでいるのだから」ということで、本当は、本気でこちらのことを思ってくれていない人なのです。

本気で思っていたら、嫌われても、言うことは言ってやらないといけない、注意してやらないといけない、ということになるはずです。

親は、よその子が何をやっていても知らない顔をしています。自分の子どもが間違ったことをしたら叱ります。それは、自分の子どもが憎いから叱るのではない。自分の子を本当に思ったら、叱らずにいられないのです。よその子を叱らないのは、よその子のことを本気で思ってないからです。いちいち叱って、嫌われたら損だという態度です。

昔の日本人はそうでなかった。よその子であろうと、わが子のように叱ったのです。みんなが「村の子や、国の子や」と言って、嫌われても叱った。このごろは怒ったら怖い面もあります。黙って刺されるようなこともありますから、なるべく見て見ぬふりをしています。それが、本当に優しい人でしょうか。

私たちは自分に都合のいい人を「仏さまのような人だ」と言います。気に障《さわ》るようなことは言わないで「その通り、その通り」と言ってくれる、自分に都合のいい人を、仏さまと言っているのです。けれども、そういう人は本当は仏さまではありません。それは魔物です。自分が嫌われ者にさえならなかったらいいんだという人ですから。

本当は、いろいろなことを言ってくださる、時には腹が立つこと、なんと嫌なことを言うのかと思うこともあるけれど、自分の心を鬼にしてでも言ってくださる人がいたら、それが仏さまです。ところが、私たちは自分に都合のいい人が好きです。だから、人生そのものがおかしくなるのです。

私には八十八歳になる母親が、元気で居ります。なかなか会えないのですが、たまに顔を見にいくと「一杯飲むか」と言う。このごろは里に帰りますと、座ったとたんに酒を出してきます。ところが、「飲むか」と言われて飲むのですが、調子が出てくると母親が言うのです。「お前、このごろ、血圧の方はどうや」と。

酒を飲んでいる時に、血圧の話はしてほしくない。「ちょっと下が高い」と言ったら、「気をつけないかん」と言います。そして、しばらくすると「ところでお前、糖の方はどうや」と。「糖もちょっと出ている」と言うと、「気をつけないかん」と。最後のとどめは「ところでお前、最近肝臓の具合はどうや」と。「人が飲んでいる時に、よく、これだけ嫌なことを言うなあ」と思います。

このごろはめったに行きませんが、私は京都に居る時、祇園によく行きました。祇園に行きますと、祇園の女性は一切、血圧・糖・肝臓の話はしません。何を言うか。「先生、飲みっぷりがいいわあ」とか、（笑い）「先生、頼もしいわ」と、こちらの気持ちがよくなることばかり言います。だから、どちらが好きかというと、私は祇園の方が好きです。けれど、どちらが本気で私の身を案じてくれているのかというと、言うまでもなく「これだけよく嫌なことを言うなあ」という母の方が、本当は私のことを思ってくれているのです。

私たちは本当にわが身を案じてくれる人を毛嫌いして、調子のいい方について行きます。それで、人生がおかしくなるのです。

考えてみると、いろんな方が真剣に私の身を案じてくださっているのです。いろんな人に教えられ、諌《いさ》められながら、私は今、仏さまの教えに遇う身になったのです。そうして仏さまの教えに遇うご縁を作ってくださった。そういう人はみんな、私の諸仏です。

ですから、私にとっては母親も諸仏です。仏さまに遇うご縁を作ってくださった方を仏さまといただけば、周りのすべての人が私の諸仏です。「諸仏に護られて、今日がある」と受け取るのが念仏者です。

南無《な》《も》阿《あ》弥《み》陀《だ》仏《ぶつ》をとなふれば
十方無量《じっぽうむりょう》の諸仏《しょぶつ》は

百重千重《ひゃくじゅうせんじゅう》 囲繞《いにょう》して
よろこびまもりたまふなり

（『浄土和讃』、『註釈版聖典』五七六頁）

お念仏をすると、「たくさんの仏さまに護られていたのだなあ」ということがわかります。それを、私たちは自分の都合で「あれは悪い奴だ」とか、「あんな奴はいない方がいい」と、周りの人を抹殺にかかります。いない方がいいと思った人がいてくださったから、よかったということがよくあるのです。

私は本願寺の運動本部の部長として同朋《どうぼう》問題に取り組んだり、お寺のあり方を改めようという門信徒会《もんしんとかい》運動に取り組んできました。いろんな意見があり、いろんな考え方の違いもあり、さんざん悪口を書かれたり、言われたりしました。

その悪口を書いたり、言った人たちに今、会うと、「悪かったなあ」と言うのです。私は「有り難う」と言います。そうやって、言ってくださる人がいたから、気を引き締めて、大したこともやっていませんが、大きな間違いもしないで来られたのです。

これが、みんなに煽《おだ》てられていたら、調子に乗って、今ごろどこに行っていたかわかりません。いろんな悪口を言われたことがよかったのです。あの人たちが私を浮き上がらないように、しっかり引っ張っていてくれたのだと思います。

だから、「あの時はどうも有り難う」とお礼を言いますと、「嫌味を言うな」と言うので、「いや、嫌味ではないよ。本当に有り難かった」と、私は今、心から言えます。

今、考えてみたら、あの時みんなが、私のやることを褒《ほ》めたり、煽てたりしていたら、私なんかすぐ有頂天になる方ですから、どうなっていたかわかりません。いろいろ言ってくれたお陰で、気を引き締めながら、大過なく大役を務め終えることができたのです。

応援してくれる人もあり、反対する人もあって本当によかったのです。持ち上げてくださる人も有り難いけれど、時には、足を引っ張ってくださる人も、有り難いのです。考えたら、そういういろいろな諸仏に護られて、私は何とか、大役を大過なく務められたのです。また、それで、今の私があるのです。

ところが、私たちはなかなかそう思えない。「あの人の顔だけは見たくない。あの人が早く死ねばいい」という思いになることがあります。人を恨《うら》むと自分がつらいのです。結局、自分で自分をつらくしているのです。

人間はすぐに調子に乗ります。「褒めたら、豚でも空へ上がる」と言いますが、私は、すぐに空に上がる方です。それが何とか空に上がらずにいられたのは、いろんな諸仏に護られていたということです。「ああ、そうだったなあ、いろんな人が居てくださったお陰だなあ」と喜ばせてもらったら、仏さまが「お前も多少ものが見えるようになったなあ」と、喜んでくださるのです。

お釈迦さまは「広大勝解のひと」と褒めてくださるのです。私たちは自分の都合という、狭い狭い世界でものを見るから、ものがありのままに見えないのです。

「勝」はすぐれているということ。「解」とは、ものが本当に理解できるということ、本当にわかるということです。私たちのあり方と真反対です。

「我」という狭い狭い世界でものを考えて、小さな小さなことに執われているから、劣ったものの見方しかできないのです。私たちは、どちらかというと「狭小劣解の人」です。それが「あの人が私の足を引っ張り、何でこんな意地の悪いことをするかと思ったこともあったけれど、その人にも支えられていたんだなあ」と受けとれるのが、「広大勝解のひと」なのです。

小さな「我」という、自分の都合でものを見るのでなく、「私にとってはあの人もなくてはならない人、この人もいてくださってよかった。私は本当にいろいろな人に恵まれていたんだなあ」と受け取れる人が、本当にものがよくわかっている人なのです。

ところが、私たちはどうしても自分の都合だけで、「この人はいいけれど、あの人はいけない」、「あの人はいい人みたいだが、本当は悪い人」と、みんな鬼か仇《かたき》にしてしまいます。文字通り「渡る世間は、鬼ばかり」になってしまうのです。

お念仏から言うと「渡る世間は、諸仏ばかり」です。「われ以外みな、わが師なり」という吉川英治さんの言葉に習うと、「われ以外みな、わが諸仏なり」です。

自分の都合のいい人ばかりなら、人間どうなりますか。誰も何も注意しないで「そう、そう。あなたの言う通り」と育てられたら、子どもはどうなりますか。

このごろは、親までがいい子になっています。子どもに嫌われないようにと。親ぐらいは嫌われても、子どもに言うべきことを言ってやらなければいけない。

学校の先生まで、いい子になっています。先生が「生徒の友達」みたいなことを言っていい顔をしています。先生がたまに叱ったら、このごろは問題になります。もちろん、暴力を振るうのはいけませんが、子どもが泣いても、叱ってやらなければいけない時がありま す。厳しく言わなければならないことがあります。

みんながいい子になって、「ああ、それでいい、それでいい」で育てられた子が、このごろ多い。本当に困ったことです。悪魔の中で育てられているようなものです。

念仏をすることによって、「ああ、嫌な奴だと思っていたけれど、あの人がいてくださってよかった。あの人が、あの時、あれを言ってくださってよかった。厳しいあの一言がなかったら、今ごろどうなっているかわからない。けれど、あの人のお陰で今、ここに落ち着いた」と、喜んでいける人生が本当なのです。

親鸞聖人はこんなふうに、現世の利益を具体的に示されているのです。念仏を称えることによって、仏に成ることが最上のご利益です。

仏に成るまでの人生を「往生」といいます。それは正定聚、間違いなく仏になる仲間としての「いのち」の歩みです。

「入正定聚」が現益、「成仏」を当益というのです。

（二〇〇三年六月二十八日）

あとがき

世の中がおかしくなっているると感じているのは私だけではありません。多くの人がそれぞれの立場でそのことを話されるのを聞きます。

私は、世の中がおかしくなってきている原因の一つに、「いのち」の見方の変化があると思っています。

どういうことかといいますと、昔の人といいますか、すくなくともお念仏を喜んだ先人は、この身の終わりが、「いのち」の終わりだとは思っていませんでした。この身終わった、あとの「いのち」（後生）のことも大切に考えていました。ところが、今を生きる多くの人は、この身の終わりが即「いのち」の終わりと考えています。

この身の終わりが「いのち」の終わりと考えたら、死ほど恐ろしいものはありません。

特に執着の強い人間にとって、すべてを失う死ほど恐ろしいことはありません。

また、死によってすべてが消滅するという考え方は、逆に言いますと、生きている今さえよければいいという考え方になります。ということは、今が面白く楽しければいいので、あとはどうなろうと知ったことではないという無責任な生き方になります。

こんな考え方の人が増えれば増えるほど、この世がおかしくなるのは当然です。

仏教では、この身をいただく前の「いのち」(前生)、この身をいただいて生きる「いのち」(今生)、この身が滅してからの「いのち」(後生)を教えてくださいます。そして、この身をいただいて生きる「いのち」(今生)は本当に短いものだけれど、この身のある間にぜひやらなければならないことがあると教えてくださるのです。

この身のある間にやりとげねばならないいちばん大事なこと(一大事)は、この「いのち」、どちらに向かって生きればいいのかわからずに迷いつづけてきた「いのち」を、自らの「いのち」と「いのち」の方向に目覚めた悟りの「いのち」に転換することなのです。

その「いのち」の転換の道を明らかにしてくださったのが仏教なのです。

＊

このたびは、さいたま市で開かれた『心の糧セミナー・歎異抄に学ぶ』での講話をもとに、『歎異抄』の第一章のはじめの一節だけを、阿弥陀仏・本願・往生・信心・念仏・利益という大切な六つのお言葉をいただきながら味わわせていただきました。

『いのちの願い――歎異抄講話Ⅰ』では阿弥陀仏と本願を、『いのちの出遇い――歎異抄講話Ⅱ』では往生と信心を、そして本書では念仏と利益についてのお領解を述べさせていただきました。

私は、この短いはじめの一節に浄土真宗とは何かがあますところなく語り尽されていると思っています。十分なものではありませんが、この『歎異抄講話』三冊は、私の今日までの聴聞を通していただいたお領解のすべてです。

中でも、往生ということについて、『親鸞聖人御消息』にある、

明法御房《みようほうおんぼう》の往生《おうじよう》のこと、おどろきまうすべきにはあらねども、かえすがへすうれしく候《そうろ》ふ。鹿島《かしま》・行方《なめかた》・奥郡《おうぐん》、かやうの往生《おうじよう》ねがはせたまふひとびとの、みなの御《おん》よろこびにて候《そうろ》ふ。またひらつかの入道殿《にゆうどうどの》の御往生《ごおうじよう》のこときき候《そうろ》ふこそ、かへすがへす申《もう》すかぎりなくおぼえ候《そうら》へ。めでたさ申《もう》しつくすべくも候《そうら》はず。

（『註釈版聖典』七三七～七三八頁）

の言葉のお心をすこしでも明らかにしたいと強く思ったことです。
「うれしく候ふ」、「御よろこびにて候ふ」、「めでたさ申しつくすべくも候はず」と言はれる往生は、長い長い流転の「いのち」に終止符をうって、間違いなくさとりに到る「いのち」の歩みであり、「いのち」の大転換の実現であると思います。それは文字通り一大事の解決をよろこばれたお言葉であると思います。

そのことが、このたびの三冊によって、読んでくださる人にすこしでも受けとめていただければ幸いです。

最後になりましたが、このたびの出版のご苦労をいただきました、法藏館の西村七兵衛社長と上別府茂編集長、さいたま市誓顕寺の岩田光哲師と八幡伸彌師に心よりお礼を申しあげます。また、編集を担当くださったオフィス池田の池田顕雄氏、装幀家の井上二三夫氏、校正者の岩崎智子さんのお力添えを賜りました。ありがとうございました。

二〇〇六年四月

藤田徹文

藤田徹文（ふじた　てつぶん）
1941年大阪市に生まれる。龍谷大学大学院（真宗学専攻）修了。基幹運動本部事務室部長、浄土真宗本願寺派伝道院部長・主任講師を経て、現在、備後教区光徳寺住職、本願寺派布教使。
著書に『わたしの浄土真宗』『生死をこえる道』（法藏館）『人となれ仏となれ―四十八の願い―』全7巻（永田文昌堂）『わたしの信心』『聞光力―いのちに遇う』（探究社）『シリーズ「生きる」』全6巻（本願寺出版社）ほか多数。

いのちのよび声――歎異抄講話Ⅲ

二〇〇六年五月二五日　初版第一刷発行

著　者　藤田徹文
発行者　西村七兵衛
発行所　株式会社　法藏館
京都市下京区正面通烏丸東入
郵便番号　六〇〇-八一五三
電話　〇七五-三四三-〇〇三〇（編集）
〇七五-三四三-五六五六（営業）

印刷・製本　亜細亜印刷株式会社

ISBN4-8318-3832-2 C0015